Linny Bieber

China in der deutschen Berichterstattung 2008

VS COLLEGE

Linny Bieber

China in der deutschen Berichterstattung 2008

Eine multiperspektivische Inhaltsanalyse

VS COLLEGE

Bibliografische Information der Deutschen Nationalbibliothek
Die Deutsche Nationalbibliothek verzeichnet diese Publikation in der Deutschen Nationalbibliografie; detaillierte bibliografische Daten sind im Internet über <http://dnb.d-nb.de> abrufbar.

1. Auflage 2011

Lektorat: Dorothee Koch | Britta Göhrisch-Radmacher

VS Verlag für Sozialwissenschaften ist eine Marke von Springer Fachmedien.
Springer Fachmedien ist Teil der Fachverlagsgruppe Springer Science+Business Media.
www.vs-verlag.de

Umschlaggestaltung: KünkelLopka Medienentwicklung, Heidelberg
Gedruckt auf säurefreiem und chlorfrei gebleichtem Papier
Printed in Germany

ISBN 978-3-531-18160-8

Inhalt

Abbildungen und Tabellen

1 Einleitung

Im August 2008 fanden in der chinesischen Hauptstadt Beijing[1] die Olympischen Sommerspiele statt – zum ersten Mal in der Volksrepublik (VR) China und zum ersten Mal in einem nicht-demokratisch regierten Land seit Moskau 1980. Dementsprechend gehörte China zu den großen Themenschwerpunkten der deutschen Medienberichterstattung 2008.

„One World, One Dream", lautete der offizielle Olympia-Slogan – China wollte sich nicht nur als erfolgreiche, sondern auch als offene, friedvolle und international ausgerichtete Weltmacht darstellen. Mit dem Bau architektonisch eindrucksvoller Sportstätten wie dem ‚Vogelnest' und einem bombastischen Rahmenprogramm sollte gezeigt werden, dass das Land, in dem unter Mao Tsetung noch Millionen von Menschen verhungert und 1989 Demokratisierungsbefürworter auf dem Platz des Himmlischen Friedens getötet worden waren, im 21. Jahrhundert ankommen war. Sogar freie Medienberichterstattung während der Olympischen Spiele wurde versprochen. Sollte hier tatsächlich ein Traum wahr werden?

Doch dann kam der Tibetkonflikt im März 2008. Tibetische Mönche demonstrierten für Unabhängigkeit, die chinesische Führung reagierte mit Gewalt und riegelte die Region gegenüber chinesischen und westlichen Berichterstattern ab. Das Traumbild zerplatzte, und die westlichen Medien zeigten ihre Skepsis nun mit aller Deutlichkeit: „Die Herren der Ringe: Wie China sein Volk unterdrückt – und Olympia verrät", titelte das Nachrichtenmagazin *Der Spiegel* (Ausgabe 15/2008). Die Boulevardzeitung *Die Bild* fragte am 26. März 2008 auf ihrer Internetseite: „Soll Olympia boykottiert werden?" und berichtete: „China riegelt Klöster in Tibet ab. Erster Mönch verhungert" (Bild.de 2008).

Chinas Marketingstrategie war missglückt. Anstatt das chinesische Image aufzupolieren, bewirkten die nahenden Olympischen Spiele, dass die internationale Öffentlichkeit innerchinesischen Konflikten unangenehm und – aus chinesischer Sicht unangemessen – viel Aufmerksamkeit schenkte. Weltweit wurde der tibetische Protest von Demonstranten unterstützt. Nicht das Olympia-Maskottchen, sondern die Flagge der tibetischen Exilregierung wehte aus Fenstern deutscher Privatwohnungen. Politische Konfliktthemen und das Sportereignis Olympische Spiele vermischten sich untrennbar.

Auf der chinesischen Seite reagierte man mit Empörung auf die ausländische Kritik. Es kam zu Beschwerden über die als einseitig und chinafeindlich empfundene

[1] In der vorliegenden Arbeit wird die Umschrift ‚Beijing' (anstatt ‚Peking') verwendet.

westliche Chinaberichterstattung (vgl. Richter/Gebauer 2010: 7; Kehrein 2008; Wang 2008). Auch in Berlin protestierten Tausende Chinesen. In diesem „Medienkrieg zwischen China und dem Westen“ (Aldenrath 2008) standen die deutschen Medien im Fokus der chinesischen Kritik. Vorgeworfen wurde ihnen zum Beispiel, den Tibetkonflikt verzerrt darzustellen (vgl. Abbildung 1):

Abbildung 1: Screenshots eines chinesischen Online-Artikels (05.04.2008), der die deutsche Berichterstattung als verzerrt bezeichnet (Quelle: http://news.163.com/08/0405/13/48P3PBJG0001124J.html)

Die Kritik an der deutschen Chinaberichterstattung wurde sogar auf hoher politischer Ebene geäußert. In einem Interview sagte Ma Canrong, damaliger Botschafter der VR China in Berlin:

> „Die westlichen Medien, darunter auch einige deutsche Medien, haben bei Berichterstattungen über Gewaltverbrechen der tibetischen Separatisten in Lhasa am 14. März viele Tatsachen entstellt. Über die gewaltsame Störung des Fackellaufes in London und in Paris haben sie auch gejubelt, statt sie zu verurteilen. Das alles hat bei der chinesischen Bevölkerung, einschließlich Auslandschinesen und chinesischen Studenten im Ausland, große Empörung hervorgerufen.“ (Klein 2008)

Faktentreue, die Trennung von Nachricht und Meinung, eine Vielfalt der Perspektiven und Ausgewogenheit gehören zu den zentralen Qualitätskriterien im Journalismus (vgl. Gleich 2003: 139). Gerade im Auslandsjournalismus, der das Potenzial besitzt, „nicht nur kosmopolitische, sondern auch ethnozentristische Weltbilder zu fördern und Krisen verstärkend zu wirken", sollte „eine multiperspektivische Auslandsberichterstattung, die Selbst- und Fremdbilder integriert" als Ideal angestrebt werden (Hafez 2005: 22). Auslandsberichterstattung ist auch auf politischer Ebene bedeutend, verdeutlicht beispielsweise durch Wolfgang Schäubles Einführung eines ‚Referats Presse Ausland' als Ansprechpartner für ausländische Medienvertreter (vgl. Bundesfinanzministerium 2011; Süddeutsche Zeitung 2010).

Geht es im Auslandsjournalismus allerdings um China, wird es kompliziert. In der VR ist die Verknüpfung zwischen Medienberichterstattung und Politik eng: Auslandskorrespondenten, die beim chinesischen Außenministerium akkreditiert wurden, kann bei übermäßig kritischer Berichterstattung die Arbeitserlaubnis entzogen werden[2] (vgl. Gui et al. 2004: 77 und 88, Artikel 19). Mitunter schalten sich in einem solchen Fall auch deutsche Politiker ein, wie zum Beispiel im Dezember 2009, als einem ZDF-Korrespondenten aufgrund eines chinakritischen Satire-Beitrags die Arbeitserlaubnis nicht verlängert werden sollte. Chinesische Politiker wiederum drohen angesichts der Chinakritik offen mit einer Verschlechterung der deutsch-chinesischen Beziehungen (vgl. Lorenz 2009).

Doch ist die deutsche Chinaberichterstattung wirklich so einseitig und verzerrt? Im Mai 2008 bebte in der chinesischen Provinz Sichuan im Mai 2008 die Erde. Hunderttausende von Menschen starben. Doch vor allem wurden Hunderttausende Überlebende von chinesischen Helfern aus den Trümmern gerettet – eine Rettungsaktion, die von chinesischen und ausländischen Reportern begleitet wurde. Als wäre der Tibetkonflikt nie gewesen, wurde Chinas Führung für ihre offene Medienpolitik und ihr solides Krisenmanagement gelobt – nur wenige Monate nach Ausbruch des Tibetkonflikts. ‚Gutes' oder ‚böses' China? Anscheinend herrscht hier doch keine Einigkeit in den deutschen Medien.

Beunruhigend ist, dass trotz der 2008 erfolgten massiven Kritik die Forschung bisher nur unzureichende Erkenntnisse zu den tatsächlichen Merkmalen der deutschen Chinaberichterstattung liefert. Eine Perspektivenvielfalt auf diesen Untersuchungsgegenstand existiert bislang nicht, so dass die subjektiven Vorwürfe von chinesischer Seite aus nur bedingt durch eine ‚objektivierende', wissenschaftliche Sicht überprüft werden. In der vorliegenden kommunikationswissenschaftlichen Arbeit wird daher versucht, die deutsche Chinaberichterstattung auf Basis sozialwissenschaftlicher Methoden mehrperspektivisch zu untersuchen. Dabei wird von folgenden Grundannahmen ausgegangen:

---

[2] In Artikel 19 der Verordnung des Staatsrates für ausländische Journalisten und ständige Büros ausländischer Nachrichtenagenturen vom 19. Januar 1990 wird dargestellt, welche Sanktionen ausländischen Journalisten drohen können: „In case of violation of the present Regulations by foreign journalists or permanent offices of foreign news agencies in China, the Information Department may, on the merits of each case, give them a warning, suspend or stop their journalistic activities in China, or revoke their Foreign Journalist Identity Cards or Certificates for Permanent Office of Foreign News Agency." (Gui et al. 2004: 88)

1. *Die Chinaberichterstattung ist je nach Ereignis unterschiedlich.* Darum wird nicht ein Zeitraum untersucht, sondern drei in China stattfindende Geschehnisse: die Tibetunruhen im März 2008 als politischer Konflikt, das Sichuan-Erdbeben im Mai 2008 als Naturkatastrophe sowie die Olympischen Spiele im August 2008 als internationale Sportveranstaltung.
2. *Die Chinaberichterstattung ist je nach Ereignisphase unterschiedlich.* Zum Beispiel könnte die Chinaberichterstattung in der Mitte der Berichterstattung andere Merkmalsausprägungen aufweisen als am Anfang oder Ende.
3. *Die Chinaberichterstattung ist je nach Medium unterschiedlich.* Aus pragmatischen Gründen können leider nicht verschiedene Medienformen untersucht werden. Es werden aber drei verschiedene überregionale Tageszeitungen miteinander verglichen.

Im Fokus steht die Analyse von Medien*inhalten*, als mögliche Ausgangslage für weitere Analysen der Chinaberichterstattung zum Beispiel in Bezug auf äußere Einflussfaktoren wie Recherchebedingungen, journalistisches Hintergrundwissen und Zeitdruck. Die hier durchgeführte Inhaltsanalyse erfolgt dabei auf Basis von acht, in der Literatur als zentral angesehenen Auslandsberichterstattungsmerkmalen.

Das Ziel dieser Arbeit ist, durch diese mehrperspektivische Herangehensweise die Komplexität und Vielfältigkeit der Chinaberichterstattung zu verdeutlichen. Angesichts des deutlichen Bezugs zwischen deutscher Chinaberichterstattung und deutscher Chinapolitik ist ein solches Vorhaben nicht nur für die Wissenschaft und für Medienvertreter interessant, sondern auch für die Politik.

2 Forschungsstand

Da sich die vorliegende Arbeit mit den inhaltlichen Merkmalen deutscher Chinaberichterstattung in deutschen überregionalen Tageszeitungen beschäftigt, interessieren für den aktuellen Forschungsstand in erster Linie bisherige Inhaltsanalysen zur Chinaberichterstattung in der deutschen, überregionalen Presse. Im Folgenden wird mit den zwischen 1968 bis 2010 publizierten Studien zur deutschen Chinaberichterstattung ein Überblick über den Forschungsstand gegeben. Anschließend erfolgt die zusammenfassende Darstellung der wissenschaftlichen Kritik an der Chinaberichterstattung.

In Anlehnung an die für diese Arbeit relevante Definition von Auslandsberichterstattung (vgl. Kapitel 3.8) wird der Begriff ‚Chinaberichterstattung' folgendermaßen definiert: *Unter* Chinaberichterstattung *werden Inhalte und Prozesse journalistischer Berichterstattung in klassischen Massenmedien über Sachverhalte mit Bezug auf die VR China und die chinesische Kultur verstanden. Es handelt sich um eine Form der nationale und kulturelle Grenzen überschreitenden Kommunikation, die von heimischen Medien ausgeht, die die Informationen aus China für das heimische Publikum aufbereiten.*

2.1 Untersuchungen zur deutschen Chinaberichterstattung

Deutsche Chinaberichterstattung fand zunächst nicht in den Medien, sondern in Missionars-, Reise- und Gesandtschaftsberichten statt, welche meistens von in China tätigen Missionaren, Diplomaten und Kaufleuten, eben nicht von Journalisten verfasst wurden. Wissenschaftliche Untersuchungen zu historischen Dokumenten dieser Art liegen in großer Zahl vor (vgl. zum Beispiel Gerber 2002; Liu 2003). Als Reaktion auf die ersten ausführlichen Chinaberichte setzten sich wiederum Intellektuelle in Europa mit dem Land auseinander, wodurch eine Form der Sekundär-Chinaberichterstattung entstand (vgl. zum Beispiel Liu 2007). Die vorliegende Arbeit konzentriert sich ausschließlich auf journalistische Chinaberichterstattung in Massenmedien, weshalb die oben genannten Studien nicht als Teil des hier relevanten Forschungsstands betrachtet werden.

Im Gegensatz zur Forschung in den USA ist der deutsche Forschungsstand zur Chinaberichterstattung lückenhaft, wird als „weitgehend unerforscht" bezeichnet (Voglreiter 2009: 21; zum früheren Forschungsstand vgl. auch Behrens 1978: 15 ff.), als „recht unterentwickelt" (Richter/Gebauer 2010: 26) bzw. zwar als „dynamisches

Forschungsfeld", in dem aber erst seit wenigen Jahren eine Reihe von Studien zum westlichen Chinabild erscheinen, die allerdings theoretisch und methodisch sehr unterschiedlich vorgehen würden (vgl. Hafez 2010: 238). Während in den USA seit Jahrzehnten ausführlich über Chinabilder und Chinaberichterstattung geforscht wird[3], existiert in Deutschland diesbezüglich noch kein Forschungsschwerpunkt.

Ab Ende des Zweiten Weltkriegs sind zunächst nur wenige deutsche Arbeiten zu finden, die sich mit dem Thema befassen. Viele Studien scheinen dabei bezüglich ihres Forschungsinteresses im Zusammenhang mit einer bestimmten Phase der deutschen Chinapolitik zu stehen und sind auf konkrete Ereignisse bezogen (zur Entwicklung der deutsch-chinesischen Beziehungen vgl. Van Briessen 1977: 22 ff.; Friedrich 2007: 402 ff.; Mühlhahn et al. 2008: 155 ff.). So hat es offenbar in den 1970er Jahren in Deutschland ein intensives wissenschaftliches Interesse an der Chinaberichterstattung gegeben, was daran liegen könnte, dass es zu diesem Zeitpunkt in China nach jahrzehntelanger Abkapselung zu einer politischen Öffnung kam, auch aufgrund des Chinabesuchs des damaligen US-Präsidenten Nixon 1972 (vgl. Müller-Hofstede 2007: 326). Um 1990 ging das wissenschaftliche Interesse anscheinend zurück; hier wurden jedenfalls keine Studien zur Chinaberichterstattung gefunden. Möglicherweise ist das auf die blutige Niederschlagung der Studentenproteste in Beijing 1989 und auf den darauffolgenden weltweiten Abbruch der Beziehungen zu China zurückzuführen (vgl. Friedrich 2007: 405). Im Laufe der 1990er Jahre stabilisierte sich das Verhältnis zu China wieder. Heute wird es vom Auswärtigen Amt als „freundschaftlich und gut" bezeichnet (Auswärtiges Amt 2010). Zu den Olympischen Spielen 2008 ist das wissenschaftliche Interesse an der Chinaberichterstattung offenbar wieder gewachsen. In diesem Zeitraum wurden eine Reihe von Forschungsarbeiten veröffentlicht, darunter auch die Studie der Heinrich Böll Stiftung, in der die deutsche Chinaberichterstattung erstmals umfassend untersucht wurde.

Im Folgenden werden die im Zeitraum 1968 bis 2010 veröffentlichten Forschungsarbeiten in chronologischer Reihenfolge vorgestellt.

Günter Amendt (1968) kritisiert im Rahmen seiner Inhaltsanalyse das verzerrte Chinabild in der deutschen Berichterstattung (vgl. Amendt 1968: 8). Seine Untersuchung basiert allerdings auf einer, wie er selbst angibt, „beliebigen" (ebd: 5) Auswahl von Artikeln aus deutschsprachigen überregionalen Zeitungen wie der *Frankfurter Allgemeinen Zeitung* (*FAZ*), *Frankfurter Rundschau* (*FR*), *Süddeutschen Zeitung* (*SZ*), *Neuen Zürcher Zeitung* (*NZZ*), *Die Welt* und vielen weiteren. Analysiert

[3] Einen Überblick über die US-Forschung zur Chinaberichterstattung bieten diverse Aufsatzsammlungen (vgl. Li/Hong 1998; Lee 1994; Giles et al. 2000). Inhaltsanalytische Studien decken eine ganze Bandbreite an Themen ab: vom Tian'anmen-Massaker 1989 (vgl. Berlin 1992 und Friedland/Zhong 1996), bis zur SARS-Epidemie 2002/2003 (vgl. Meng/Berger 2008) bis hin zum Thema Menschenrechte (vgl. Li/St Cyr 1998). Die intensive Auseinandersetzung mit der Chinaberichterstattung in den USA ist möglicherweise unter anderem auf die große Bedeutung Chinas im Kalten Krieg für die USA zurückzuführen, genauso wie auf die Vielzahl chinesischstämmiger US-Amerikaner, von denen viele wissenschaftliche Abhandlungen stammen.

wird die Berichterstattung zwischen dem 15. August und 15. Oktober 1966 (vgl. ebd: 9) während der chinesischen Kulturrevolution. Es wird kein Messinstrument und keine Operationalisierung erläutert.

Wolfhard Karl Wilhelm Behrens (1978) untersucht das Nationenbild Chinas mit dem Schwerpunkt auf außenpolitischen Aspekten, unter anderem in den deutschen überregionalen Zeitungen *FAZ*, *FR*, *SZ*, *Die Welt*, *Christ und Welt* sowie in der *Zeit* (vgl. Behrens 1978: 26). Die Artikel stammen aus dem Zeitraum von 1963 bis 1972 (vgl. ebd: 21). Die Annahme, das Chinabild sei verzerrt und die Chinaberichterstattung seit Beginn der Beziehungen mit China mangelhaft (vgl. ebd: 13 und 15), wird im Ergebnisteil von Behrens bestätigt. So sei die Berichterstattung unter anderem von fehlenden Hintergrundinformationen (vgl. ebd: 265 f.), Klischees und Gut-Böse-Extremen (vgl. ebd: 267 f.) geprägt. Allerdings ist nicht ersichtlich, auf welcher empirischen Grundlage diese Ergebnisse beruhen, da der Autor die Operationalisierung der Untersuchung nicht erläutert.

Gi-Shih Chen (1988) untersucht das Bild von Taiwan und der VR China in den vier überregionalen deutschen Tageszeitungen *FAZ*, *SZ*, *Die Welt* und *FR* im Jahr 1985 (vgl. Chen 1988: 1). Grundsätzlich erfolgt eine klare Darstellung der Operationalisierung. Auch Chens Schlussfolgerung, das Interesse der deutschen Presse gelte vor allem der VR China und weniger Taiwan (vgl. ebd: 83 ff.), ist angesichts der Ergebnisse nachvollziehbar. Problematisch ist allerdings Chens Herleitung, dass über China positiv berichtet werde, während bezüglich Taiwan beim Leser ein eher negatives Bild haften bleibe (ebd: 89), da an keiner Stelle definiert wird, was ein positives bzw. negatives Bild ausmacht. Zudem ist die Inhaltsanalyse keine angemessene Methode, um das China- und Taiwanbild der Rezipienten zu untersuchen, dazu hätte zum Beispiel eine Befragung durchgeführt werden müssen.

Gerd Frahne (1989) äußert sich positiv über die von ihm untersuchte Chinaberichterstattung. Quantitativ analysiert werden 725 Artikel des *Welt*-Korrespondenten Herbert Kremp im Zeitraum Mai 1977 bis Januar 1981, als in China tiefgreifende politische und wirtschaftliche Reformen durchgeführt wurden. Zudem hat Frahne Experteninterviews durchgeführt. Ziel der Arbeit sei die Ermittlung der „Qualität, Bedeutung und Beispielhaftigkeit" von Kremps Berichterstattung (Frahne 1989: 5). Bei der Ergebnisherleitung bleiben allerdings Fragen offen: Laut Frahne zeichne sich Kremps Berichterstattung unter anderem „durch stilistische Vielfalt, präzises Ausdrucksvermögen und nuancierte Beobachtungsgabe" aus (ebd: 390). Kremp verzichte „weitgehend auf den häufig beklagten Sensationalismus und auf Exotik" (ebd: 391). Der Aspekt der Qualität wird allerdings allein an den zwei Kategorien Quellen und Darstellungsformen überprüft (vgl. ebd: 10 ff.), die anderen Aspekte basieren anscheinend auf den Experteninterviews, die aber hinsichtlich dieses Aspekts wenig aussagekräftig sind[4]. Komplexe Merkmale wie die des Ausdrucks und der Verwendung von Klischees können so nicht gemessen werden[5].

---

[4] Interviewt wird Kremp selbst (vgl. Frahne 1989: 367 f.), der nicht als objektiver Bewerter seiner eigenen Berichterstattung in Frage kommt, sowie Referenten von Stiftungen (vgl. ebd: 369 ff.). Wie

Um die Jahrtausendwende rückt die deutsche Chinaberichterstattung nach einer längeren Forschungspause in den 1990er Jahren wieder in den Fokus der Wissenschaft.

Christiane Hilsmann (1997) untersucht in ihrer Diplomarbeit aus auslandsberichterstattungs- und stereotypentheoretischer Perspektive das Chinabild der deutschen Presse, mit dem Fokus auf Themenschwerpunkte und der Berücksichtigung des kulturellen und historischen Kontextes. Analysiert werden zwölf Jahre Chinaberichterstattung zwischen 1984 und 1996 (vgl. Hilsmann 1997: 2) per quantitativer und qualitativer Inhaltsanalyse in sechs überregionalen und lokalen Tages- und Wochenzeitungen: *FAZ*, *FR*, *Die Zeit*, *Rheinischer Merkur/Christ und Welt*, *Neue Presse* und *Stuttgarter Zeitung* (vgl. ebd: 38 ff.). Die Analyse erfolgt damit in Bezug auf das ‚Schlüsseljahr' 1989, in dem es zur blutigen Niederschlagung von Demokratiebefürwortern in Beijing gekommen war. Hilsmann überprüft in ihrer Arbeit, ob sich die Chinaberichterstattung aufgrund dieses Ereignisses gewandelt hat (vgl. ebd: 2 f.) und kommt dabei zu drei zentralen Ergebnissen: Es sei in Bezug auf Umfang und Beschaffenheit (Themen, Hintergrundberichterstattung etc.) eine Veränderung in der Chinaberichterstattung erfolgt (vgl. ebd: 90 ff.). Das Jahr 1990 stelle einen Einschnitt in der Chinaberichterstattung dar, da beispielsweise das Thema ‚Menschenrechte', Dissidenten als Akteure und eine negative Bewertungstendenz Chinas deutlich zugenommen hätten (vgl. ebd: 94 ff.). Die politische Ausrichtung der jeweiligen Zeitungen habe aber keinen Einfluss auf die Berichterstattung gehabt (vgl. ebd: 96 ff.). Operationalisierung und Vorgehensweise werden nachvollziehbar erläutert, bisherige Forschungsarbeiten zum deutschen Chinabild (Amendt 1968 und Frahne 1989) allerdings wiedergegeben, ohne deren Methodik kritisch zu reflektieren (vgl. ebd: 4 f.).

Auch Tim Trampedach (1998) beschäftigt sich um die Jahrtausendwende mit den damaligen deutschen Chinabildern, unter anderem im Rahmen einer Analyse der deutschen Chinaberichterstattung auf Basis von Forschungsliteratur und einzelnen Zeitungsartikeln. Dabei stellt Trampedach die Schwerpunktthemen ‚Wirtschaftsboom', ‚Menschenrechtssituation' sowie ‚Pekings Außenpolitik und Chinesen im Ausland' fest (vgl. Trampedach 1998: 48 ff.). Eine genaue Methodik und Operationalisierung wird allerdings nicht erläutert; offenbar handelt es sich um eine Inhaltsanalyse nach subjektiven Kriterien (zu anderen Methoden der Textanalyse vgl. Früh 2007: 50 ff.). Insgesamt stellt Trampedach fest, dass

> „Die veröffentlichte Meinung zu China, besonders in den Boulevardmedien, (..) zwar weiterhin von Übertreibungen und Stereotypen gekennzeichnet [ist], sie neigt allgemein zu Extremen und läßt oft Nüchternheit vermissen; insgesamt ist sie aber uneinheitlich und nicht mehr mit einer ‚Tendenz' zu fixieren" (ebd: 48).

Frahne selbst relativiert, hätten diese sich kaum mit Kremps Berichterstattung auseinandergesetzt, „so daß die Aussagen weniger Auskunft über die Berichterstattung Kremps, als vielmehr über den Stellenwert von Auslandsberichterstattung der Medien generell (…) geben" (ebd: 369).

[5] Zu erwähnen sind für den Zeitraum Ende 1970er bis Ende der 1980er Jahre noch Forschungsarbeiten, die Chinaberichterstattung von Zeitungen rein sprachwissenschaftlich analysieren (vgl. Zhu 993; Lin-Liu 1993). Dementsprechend sind die Ergebnisse für diese Arbeit nicht relevant.

Zwei Jahre später kommt Trampedach (2000) zu einem anderen Ergebnis. Beim Vergleich des Chinabildes in den deutschen Medien 1949 (zur Gründung der VR China) und 1999 (zum 50. Jubiläum der VR China; vgl. Trampedach 2000: 3) stellt er fest, dass die Chinaberichterstattung 1999 von „Kritik und Verurteilung" geprägt sei, von einer insgesamt negativen Tendenz (vgl. ebd: 5) sowie von „Ablehnung und Mangel an Differenzierung" (ebd: 9). 1949 hingegen sei die Berichterstattung zurückhaltend und eher desinteressiert gewesen, da wenig über die VR-Gründung geschrieben worden sei (vgl. ebd: 3 f), so dass „Insgesamt (...) für den Herbst 1949 von einer Dämonisierung der neuen Volksrepublik nicht die Rede sein" könne (ebd: 5). Dabei bezieht sich Trampedach für die Analyse zu 1949 auf einzelne Zeitungsartikel aus dem Jahr, in Bezug auf 1999 auf Artikel aus deutschen Zeitungen und Zeitschriften, die vom 27. September bis 3. Oktober 1999 erschienen sind. Dies ist angesichts der generalisierenden Schlussfolgerungen ein recht kleiner Untersuchungszeitraum (vgl. ebd: 6). Die Methodik wird nicht erläutert. Als ‚Bestätigung' für eine ethnozentristische, konfrontative Chinaberichterstattung (vgl. ebd: 8 f.), reicht die Datengrundlage also nicht aus, wobei Trampedach noch zu Beginn seines Aufsatzes relativierend als Ziel das bloße Aufzeigen allgemeiner Tendenzen angibt (vgl. ebd: 3).

Zum Olympiajahr 2008 steigt das wissenschaftliche Interesse an deutscher Chinaberichterstattung massiv an. Nicht selten wird als Untersuchungsanlass die Kritik an der angeblich mangelhaften Chinaberichterstattung deutscher Medien genannt. Anscheinend führte gerade diese Kritik dazu, dass mit der Studie der Heinrich Böll Stiftung die erste umfassende Untersuchung zur deutschen Chinaberichterstattung durchgeführt wurde. Einen Großteil der in diesem Zeitraum erscheinenden Arbeiten stellen studentische Abschlussarbeiten dar.

Ina Vach untersucht in ihrer Bachelorarbeit (2008) den Einfluss des Tibetkonflikts auf die Olympia-Vorberichterstattung. Quantitativ analysiert werden 201 Artikel (vgl. Vach 2008: 29) aus den überregionalen Tageszeitungen *tageszeitung* (*taz*), *Die Welt* und *SZ* im Zeitraum vom 1. Januar bis 31. Mai 2008 (vgl. ebd.: 26 f.). Im Mittelpunkt der Untersuchung steht die Frage, welche Medien-Frames, also mediale Interpretationsmuster (vgl. ebd: 10), sich in der Vorberichterstattung über die Olympischen Spiele 2008 identifizieren lassen (vgl. ebd: 9). Vach nimmt an, dass diese vom Tibetkonflikt beeinflusst sei und sich seinetwegen die Medien-Frames der Olympia-Vorberichterstattung verändert hätten (vgl. ebd: 18) Die Analyse kann dies nur teilweise bestätigen (vgl. ebd: 61). Vach stellt aber fest, es sei eine politisierte Olympiaberichterstattung erfolgt, da sich ein Großteil der analysierten Medien-Frames nicht allein auf das Sportereignis konzentriert habe, und stellt eine Tendenz zu sehr kritischer Berichterstattung fest (vgl. ebd: 59 ff.). Die Vorgehensweise und die Operationalisierung werden dabei klar erläutert (vgl. ebd: 26 ff.).

Auch Karla Fleischmann (2009) führt in ihrer Diplomarbeit eine Framing-Studie zur deutschen Chinaberichterstattung durch, mit dem Schwerpunkt auf der Darstellung des Tibetkonflikts. Sie untersucht per quantitativer Inhaltsanalyse auf Basis von 268 Artikeln, welche inhaltszentrierten Medien-Frames die *SZ* und die

FAZ zur Interpretation der Tibet-Problematik liefern. Im Gegensatz zur vorliegenden Arbeit berücksichtigt Fleischmann neben der Eskalation des Konflikts im März 2008 auch die vorherige Entwicklung: Verglichen werden Frames in den drei Zeiträumen 2001, 2007 und 2008 (vgl. Fleischmann 2009: 38 ff.). Neben der Identifizierung von sechs Frames (vgl. ebd: 70 ff.) stellt Fleischmann als Ergebnis unterschiedliche Berichterstattungsschwerpunkte je nach Zeitraum fest: 2001 habe das Thema ‚Menschenrechte' im Vordergrund gestanden, 2007 der Besuch des Dalai Lamas im Kanzleramt, 2008 einerseits Themen, die mit der Tibet-Problematik wenig zu tun hätten, andererseits sei intensiv über die Tibetunruhen im März 2008 berichtet worden (vgl. ebd: 84). Insgesamt bezeichnet Fleischmann die Berichterstattung als „relativ vielseitig, da über jedes Themenfeld berichtet wurde", wobei sich das Thema ‚Menschenrechte' über alle Untersuchungszeiträume hinweg behauptet habe (ebd: 85). Es erfolgt eine transparente Erläuterung der Vorgehensweise (vgl. ebd: 38 ff. und 44).

Lukas Peuckmann (2009) untersucht in seiner Diplomarbeit aus nationenbildtheoretischer Perspektive die Olympia-Berichterstattung der deutschen Tageszeitungen *FAZ* und *SZ* sowie der englischsprachigen chinesischen Tageszeitungen *China Daily* und *Shanghai Daily* im Zeitraum 1. Juli bis 31. August 2008. Er führt dafür eine quantitative Inhaltsanalyse durch sowie Leitfadeninterviews mit den Olympiakorrespondenten der jeweiligen Zeitungen (vgl. Peuckmann 2009: 56 ff.). Im Mittelpunkt steht die Frage, welches Chinabild anlässlich der Olympischen Spiele 2008 vermittelt werde (vgl. ebd: 50 f.). Peuckmann stellt dabei auf deutscher sowie chinesischer Seite deutliche Realitätsverzerrungen in der Darstellung Chinas fest. Während die deutschen Zeitungen mit ihrem Fokus auf Konfliktthemen ein eher negatives Chinabild vermittelten, erfolge die Darstellung in den chinesischen Zeitungen überwiegend positiv und lobend (vgl. ebd: 106 f.). Damit transportierten beide Seiten ein „chinesisches Nationenbild (..), das mehr oder weniger stark von der Realität abwich" (ebd: 109). Allerdings stellt sich hier die Frage, wie sehr die von Peuckmann untersuchten englischsprachigen Zeitungen die chinesische Berichterstattung repräsentieren, da ein Großteil der chinesischen Bevölkerung chinesischsprachige Zeitungen liest, als Zielgruppe der *China Daily* und der *Shanghai Daily* also nicht in Frage kommt[6].

Neben den oben dargestellten studentischen Abschlussarbeiten untersucht auch Michael Poerner (2009) die Darstellung Chinas in der Olympiaberichterstattung der deutschen überregionalen Printmedien *SZ*, *FAZ*, *Die Welt*, *Der Spiegel*, *Focus* und *Die Zeit* im Zeitraum 8. bis 25. August 2008 (vgl. Poerner 2009: 163). Dabei kommt er zu folgendem Ergebnis:

[6] Für weitere studentische Abschlussarbeiten zur Chinaberichterstattung 2008 vgl. Kevin Peter Schmider (2009) zum Chinabild in der Olympia-Berichterstattung 2008, Susanne Pfeifer (2009) zum China-Image in deutschen überregionalen Tageszeitungen im Olympiajahr 2008 sowie Johanna Braun (2010) zum Nationenbild Chinas, untersucht auf Basis von Bildberichterstattung.

> „Offensichtliche Defizite im Bereich landeskundlicher und fremdsprachlicher Kenntnisse in Kombination mit einem ausgeprägten Mangel an Reflexion der eigenkulturellen Prägung führten teilweise – etwa im Rahmen der Berichterstattung über chinesische Athleten – zu Darstellungen, die an Oberflächlichkeit und Einseitigkeit kaum zu überbieten sind. (…) Insgesamt handelte es sich bei der Chinaberichterstattung daher primär um eine Repetition bereits bekannter Vorstellungsbilder vor veränderter Kulisse, deren inhaltliche Aussagekraft sich in erster Linie auf die Ausgangskultur beschränkt. Insofern bleibt in weiten Teilen führender deutscher Tages- und auch Wochenzeitungen bzw. -zeitschriften eine ausgewogene und informative Chinaberichterstattung nach wie vor ein Desiderat." (ebd: 177)

Diese scharfe Kritik an der deutschen Chinaberichterstattung steht allerdings auf einer unsicheren theoretischen und empirischen Grundlage. Theoretisch wird auf Quellen Bezug genommen, deren Relevanz für die Fragestellung unklar ist[7] oder die sich auf subjektive Eindrücke, nicht auf empirische Daten stützen[8] (vgl. ebd: 163 und 165 ff.). Die Methodik, die Operationalisierung sowie die Auswahl des Untersuchungsmaterials bleiben unklar[9]. Offenbar wurde auch hier eine Inhaltsanalyse auf subjektiver Basis scheinbar willkürlich ausgewählter Zeitungsartikel durchgeführt. Insgesamt basieren also die empirischen Ergebnisse der oben genannten Aufsätze nicht auf empirischen Daten, sondern auf persönlichen Eindrücken[10]. Die Aufsätze deuten dennoch auf Merkmale der Chinaberichterstattung hin, die für die vorliegende Arbeit als überprüfenswerte Anregungen genommen werden. Eine empirische Fundierung der oben aufgezeigten möglichen Tendenzen wird an dieser Stelle angeregt.

Schließlich ist eine von der Heinrich Böll Stiftung in Auftrag gegebene und von Carola Richter und Sebastian Gebauer (2010) durchgeführte Studie zu erwähnen, mit

---

[7] Poerner bezieht sich auf ‚eigene Analysen' von zwei Parteitagen der Kommunistischen Partei Chinas 2002 und 2007, der Eröffnung des ersten Konfuziusinstituts in Deutschland (2006) und den Ereignissen in Tibet (März 2008). Es wird nicht deutlich, nach welchen Kriterien das Material ausgewählt und analysiert wurde (vgl. Poerner 2009: 163).

[8] Poerner nimmt Bezug auf die oben erwähnten Aufsätze von Trampedach sowie auf Mechthild Leutner (2000), die in Bezug auf das spannungsreiche Verhältnis zwischen der Sinologie und den Medien „dominante und vielfach über lange Zeiträume tradierte Chinabilder" erwähnt, die das Wissen über China bei den Medienvertretern in bestimmter Weise vorstrukturierten. Sie beruft sich allerdings auf „Erfahrungen" und auf die Eindrücke anderer Wissenschaftler, nicht auf empirische Daten (Leutner 2000: 14).

[9] Die genaue Auswahl des Untersuchungsmaterials wird nicht genannt, bloß darauf hingewiesen, die Analyse basiere auf ‚allen' im Untersuchungszeitraum erschienenen chinabezogenen Artikeln (vgl. Poerner 2009: 163). Im Literaturverzeichnis sind 32 Artikel erwähnt (vgl. ebd: 177 ff.), welche auf keinen Fall der gesamten Berichterstattung in dem Zeitraum entsprechen können und zudem nicht ausreichen, um generalisierende Rückschlüsse auf die Chinaberichterstattung ziehen zu können.

[10] Nicht ausgeschlossen werden soll, dass die Aufsätze von Poerner, Leutner und Trampedach auf methodisch fundierten Studien basieren. Selbstverständlich ist im Rahmen einer wissenschaftlichen Abschlussarbeit, einer Dissertation oder ähnlichem mehr Platz für methodische Ausführungen als in einem Aufsatz von wenigen Seiten Umfang. Allerdings wäre es möglich gewesen, kenntlich zu machen, dass an anderer Stelle eine ausführlichere Darstellung der Untersuchung existiert. Das ist in den Aufsätzen nicht erfolgt.

der die erste umfangreiche empirische Analyse der gegenwärtigen Chinaberichterstattung deutscher Medien vorliegt. Mit der Arbeit sollten erstmals verlässliche Daten generiert werden, „anhand derer sich eine konstruktive Diskussion über das China-Bild und seine Vermittlung in Deutschland entwickeln lässt" (Richter/Gebauer 2010: 18). Untersucht werden per quantitativer Inhaltsanalyse und qualitativer Textanalyse (vgl. ebd: 29 ff.) die sechs Printmedien *FAZ*, *SZ*, *taz*, *Der Spiegel*, *Focus* und *Die Zeit* sowie Informationssendungen des öffentlich-rechtlichen Fernsehens (u.a. *Tagesschau*)[11]. Zudem erfolgt eine Befragung von 18 Auslandskorrespondenten und Redakteuren der untersuchten Medien per Leitfadeninterview (vgl. 196 ff.)[12]. Die Studie kommt neben einer „quantitativ hohe[n] Beachtung Chinas" zu dem Ergebnis, dass trotz einer hervorragenden Korrespondenten- und Redaktionsstruktur, thematischer Vielfalt (ebd: 10) und multiperspektivischer Diskussionen über China (ebd: 13) sich mehr als die Hälfte der untersuchten Beiträge stereotypisierend mit China beschäftigt (ebd: 10), es weiterhin „blinde Flecken in der Themenagenda" gebe sowie eine deutliche Fokussierung auf Konflikt und Gewalt (ebd: 11). Damit bestätigen Richter und Gebauer die Ergebnisse vorangegangener Studien, ordnen diese aber in ein Gesamtmuster ein, so dass deutlich wird, dass die deutsche Chinaberichterstattung neben Kritik auch Lob verdient hat. Eine Kontextualisierung erfolgt durch den Einbezug der Medienproduzentenperspektive. Die Schilderung der Journalisten zum Beispiel von erschwerten Zugängen zu Interviewpartnern und Quellen (vgl. ebd: 13) verdeutlichen die äußeren Einflussfaktoren auf den Medieninhalt.

Insgesamt wird deutlich, dass diese Studie im Gegensatz zu vorhergehenden Arbeiten deutlich differenziertere Ergebnisse vorlegt, die zudem auf einer hohen Datenmenge basieren und damit aussagekräftiger sind als Ergebnisse vorheriger Untersuchungen.

Zusammenfassend ist festzustellen, dass die stark lückenhafte Forschung zur deutschen Chinaberichterstattung zu Beginn des 21. Jahrhunderts allmählich durch eine Vielzahl an Forschungsarbeiten ergänzt wird. Einige dieser Studien basieren allerdings nicht auf sozialwissenschaftlichen Methoden und interpretieren ihre Ergebnisse nicht intersubjektiv nachvollziehbar. Dies ist besonders dann beunruhigend, wenn ein

[11] Das Untersuchungsmaterial umfasst 8766 chinabezogene Print- und Fernsehbeiträge, von denen sich 3998 Beiträge tatsächlich vertiefend mit China befassen (vgl. Richter/Gebauer 2010: 10). Durchgeführt wurde eine Vollerhebung aller Beiträge (vgl. ebd: 31).

[12] Per quantitativer Inhaltsanalyse (vgl. Richter/Gebauer 2010: 30) wird die thematische Verteilung und der Umfang der Berichterstattung untersucht (vgl. ebd: 18). Anhand dessen werden wiederum per qualitativer Textanalyse (vgl. ebd: 34) Themenschwerpunkte u.a. zum Tibetkonflikt, zu Menschenrechten und zur chinesischen Umweltpolitik festgestellt, „zu denen der journalistische Output inhaltsanalytisch vertiefend auf seine diskursive Qualität hinsichtlich vorherrschender Argumentationsmuster, Faktengenauigkeit, Quellenherkunft und Akteursnennungen untersucht" wird (vgl. ebd: 19). Schließlich versuchten die Autoren auf Basis der inhaltsanalytischen Daten durch die Befragung der Medienproduzenten „die Entscheidungs- und Arbeitsprozesse nachzuvollziehen, die zum Themenhaushalt und zur Ausgestaltung der Beiträge führten." (ebd: 19)

sehr negatives Bild von der deutschen Chinaberichterstattung gezeichnet wird, wie zum Beispiel bei Poerner (2009).

Methodisch fundiertere Untersuchungen decken wiederum oft einen relativ kleinen Zeitraum ab bzw. sind stark auf ein einziges Ereignis fixiert wie die Olympischen Spiele oder fokussieren sich auf besonders konfliktträchtige Ereignisse wie zum Beispiel den Tibetkonflikt (vgl. Vach 2008 und Fleischmann 2009). In diesen Fällen fehlt im Nachhinein die Kontextualisierung der Ergebnisse; die Einschätzung eines Gesamtbildes der deutschen Chinaberichterstattung bleibt schwierig. Eine negativzentrierte, kritische Chinaberichterstattung ist in Bezug auf ein gewaltvolles Ereignis wie dem Tibetkonflikt nicht überraschend. Offen bleibt eben die Frage, ob China *grundsätzlich*, in Bezug auf jedes Ereignis negativ bewertet wird.

Nur wenige Autoren nehmen verschiedene Perspektiven ein wie Richter/ Gebauer. Erst mit dieser Studie liegen erste umfassende Daten zur deutschen Chinaberichterstattung – zu ihren Inhalten und Produktionsbedingungen – vor, auch wenn diese Daten nur aus einem einzigen Jahr stammen. Dass die Forschung an dieser Stelle nicht pausiert, sondern sich bemüht, die Chinaberichterstattung auch außerhalb des Olympiajahrs 2008 zu untersuchen, wird an dieser Stelle stark befürwortet.

In der von Richter/Gebauer durchgeführten qualitativen Inhaltsanalyse je nach Themenfeld wird deutlich, dass sich angesichts der Unterschiede eine vergleichende Analyse unterschiedlicher Themen bzw. Ereignisse lohnt, auch wenn Richter/ Gebauer keinen gezielten Vergleich der Chinaberichterstattung je nach Themenfeld durchführen. Deutlich wird auch, dass das Jahr 2008 mit seiner Ambivalenz[13] und seinem Reichtum an Medienereignissen genau das Jahr ist, das sich für die Aktualisierung des Forschungsstands zur deutschen Chinaberichterstattung eignet und daher auch in der vorliegenden Arbeit im Mittelpunkt steht.

> „Die Ausführlichkeit der Berichterstattung macht das Jahr 2008 besonders fruchtbar für eine Untersuchung des Medienbildes, da hier zu erwarten ist, dass die ganze Bandbreite an Argumentationsmustern und Diskursfragmenten, die die öffentliche Diskussion zu China kennzeichnen, wie unter einem Brennglas gehäuft in den Medien auftritt und sie somit klar herausgearbeitet werden können." (Richter/Gebauer 2010: 18)

[13] Laut Richter/Gebauer wurde die Ambivalenz der China-Bilder 2008 besonders deutlich, „da China im Zusammenhang mit den Olympischen Spielen in den Fokus der Berichterstattung rückte. Ereignisse, die unmittelbar im Kontext von Olympia standen wie der Fackellauf oder die Doping-Problematik, waren wichtige Aufhänger für die Medien. Allerdings fanden auch etliche andere Aspekte Eingang in die Berichterstattung, die mit China assoziiert werden und durch Olympia stärker beachtet wurden, wie die Minderheitenproblematik rund um die Unruhen in Tibet im März 2008, die Umwelt- und Luftverschmutzung oder die unzureichende Produktqualität, die sich am Skandal der mit Melaminpulver verseuchten Milch im September 2008 aufzeigen ließ. Andere Großereignisse wie das Erdbeben in Sichuan im Mai 2008 und die globale Finanzkrise im Herbst lenkten zusätzlich die Aufmerksamkeit auf China." (Richter/Gebauer 2010: 18)

2.2 Kritik an der deutschen Chinaberichterstattung

Die vom Auswärtigen Amt als „freundschaftlich und gut“ bezeichneten deutsch-chinesischen Beziehungen (vgl. Auswärtiges Amt 2010) sind noch recht jung. Dagegen nimmt die spannungsreiche historische Vergangenheit, bestehend aus kolonialistischer Unterdrückung, Machtkämpfen und Beziehungsabbrüchen, einen deutlich längeren Zeitraum ein[14].

Chinas Erfahrungen mit dem Westen waren lange Zeit von einem Gefühl der wirtschaftlichen, technologischen und militärischen Unterlegenheit und der politischen Demütigung geprägt (vgl. Müller-Hofstede 2007: 314 ff.). Dass diese Erfahrungen nachwirken, ist nicht ausgeschlossen, auch wenn die VR China mittlerweile zu einem gleichwertigen Partner in der internationalen Gemeinschaft aufgestiegen ist. Der letzte Abbruch der Beziehungen vonseiten der internationalen Gemeinschaft aufgrund der Niederschlagung der Studentenproteste auf dem Platz des Himmlischen Friedens 1989 (vgl. Friedrich 2007: 405) liegt zudem noch nicht lang zurück. Bis heute sorgt das Ansprechen kritischer Themen wie die chinesische Tibet-Politik und die Menschenrechtslage immer wieder für eine Abkühlung der Beziehungen (vgl. ebd: 410). Die schwierige deutsch-chinesische Vergangenheit sollte berücksichtigt werden, wenn man die heftigen Reaktionen der Chinesen auf die chinakritische deutsche Chinaberichterstattung betrachtet.

Viele der oben vorgestellten Forschungsarbeiten scheinen die Kritik der Chinesen zu bestätigen, da viele Studien der deutschen Chinaberichterstattung Einseitigkeit und negative Bewertungstendenzen diagnostizieren. Im Folgenden soll die in der Wissenschaft erwähnte Kritik an der deutschen Chinaberichterstattung überblicksartig zusammengefasst werden:

Stereotypisierung, Klischees und leere Worthülsen: Laut Poerner hätten die Medien zum Beispiel die Olympia-Eröffnungszeremonie vielfach als Selbstinszenierung eines autoritären kommunistischen Staates interpretiert. Es hätte nur wenige differenzierte Sichtweisen gegeben (vgl. Poerner 2009: 171). Generell sei die Chinaberichterstattung von Stereotypen beeinflusst (vgl. zum Beispiel Richter/Gebauer 2010: 10; Poerner 2009: 162 und 165 ff.; Leutner 2000: 14; Behrens 1978: 267 f.). Richter/Gebauer stellen eine „unreflektierte Nutzung von kollektiv abwertenden Schlagwörtern wie von der ‚gelben Gefahr‘ als auch pauschalisierende Allegorien über ‚China‘ oder ‚die Chinesen‘“ fest, was „sehr häufig ein klischeebeladenes

[14] Nach den Opiumkriegen Mitte des 19. Jahrhunderts wurde das als rückständig und stagnierend betrachtete China mithilfe der sogenannten ‚Ungleichen Verträge‘ unter den westlichen Kolonialmächten aufgeteilt. Die ‚Ungleichen Verträge‘ galten bis 1943 (vgl. Van Briessen 1977: 27 f.). China wurde dadurch de facto seiner politischen, juristischen und ökonomischen Souveränität beraubt. So wurde es zum Beispiel zur Öffnung von Handelshäfen für ausländische Kaufleute gezwungen, wobei diese gegenüber dem chinesischen Recht Immunität genossen (vgl. Osterhammel 2008: 208 f.) Das deutsche Verhältnis war bis Anfang des 20. Jahrhunderts von imperialistischen Interessen geprägt: So besaß das Deutsche Reich 1889 bis 1914 sogar mit Qingdao in der Provinz Shandong eine sogenannte ‚Musterkolonie‘ in China (vgl. Van-Briessen 1977: 41 ff.; Mühlhahn et al. 2008: 155f.)

und stellenweise auch denunzierendes Bild der chinesischen Gesellschaft" zur Folge habe (vgl. Richter/Gebauer 2010: 16).

Übermäßige Personalisierung und Übertreibungen: Mithilfe sprachlicher Mittel würden Ereignisse in China medial inszeniert, zum Beispiel durch die Beschreibung politischer Vorgänge im Sportjargon (vgl. Amendt 1968: 20) sowie durch die Publizierung banaler, politisch irrelevanter Nachrichten (vgl. ebd: 21 f.).

Extreme zwischen Ablehnung und Faszination: Amendt kritisiert die Dominanz von Freund-Feind-Schemata und dass China oft als Gefahr dargestellt werde (vgl. Amendt 1968: 35). Behrens führt das Bild eines aggressiven, ‚bösen' Chinas auf Fehlinterpretationen der chinesischen Innen- und Außenpolitik zurück (vgl. Behrens 1978: 265) und sieht starke Schwankungen des Chinabildes zwischen dem Extrem ‚gutes' China mit seinen Traditionen und kulturellen Errungenschaften sowie dem Extrem ‚böses China' als aggressiver, totalitärer Staat (vgl. ebd: 268). Poerner sieht Extreme zwischen Begeisterung und Euphorie sowie Ablehnung und Angst (vgl. Poerner 2009: 176). Richter/Gebauer kritisieren, es würden Angstszenarien verbreitet und Drohkulissen gegenüber China aufgebaut (vgl. Richter/Gebauer 2010: 16).

Negativismus und Fokussierung auf Problemthemen: Die Chinaberichterstattung sei von einem negativen Grundtenor geprägt, der sich als Reaktion auf den Tibetkonflikt 2008 noch intensiviert hätte (vgl. Poerner 2009: 176; Trampedach 2000: 5). Zum Beispiel werde in der Olympia-Berichterstattung über das chinesische Sportsystem bloß negativ berichtet, unter anderem über den extremen Drill (vgl. Poerner 2009: 170 ff.). Durch die Betonung der Themen ‚Einparteiendiktatur' und ‚Menschenrechte' zweifelten die Medien ständig die Berechtigung Chinas an, Gastgeber der Olympischen Spiele zu sein (vgl. Poerner 2009: 170). Trampedach stellt unter anderem, parallel zur Positivberichterstattung über die chinesische Wirtschaftsentwicklung, eine Betonung der sozioökonomischen Probleme Chinas fest, wie zum Beispiel die Kluft zwischen Arm und Reich. Größtes Chinathema sei die Menschenrechtsfrage (vgl. Trampedach 2000: 5). Das negativ geprägte Chinabild wird, so ergibt es die Journalistenbefragung von Richter/Gebauer, sogar von den Chinakorrespondenten kritisiert (vgl. Hafez 2010: 258). Zudem werde in der Chinaberichterstattung an einer Medienlogik festgehalten, die auf den Nachrichtenfaktoren Konflikt, Negativität, Schaden und Gewalt basiere (vgl. Richter/Gebauer 2010: 15).

Mangelnde Kontextualisierung: Es mangele an Einordnung von Informationen durch geschichtliche Hintergrundinformationen (vgl. Behrens 1978: 265 f.) bzw. es erfolgten falsche Einordnungen von chinesischen Phänomenen und unzutreffende Vergleiche (vgl. Amendt 1968: 22). Kritisiert wird auch die mangelnde Ereignisunabhängigkeit der Berichterstattung, so dass sich bei Lesern kein Hintergrundwissen aufbaue, auf das sie gerade zur Interpretation von Konfliktereignissen zurückgreifen könnten (vgl. Richter/Gebauer 2010: 15).

Mangelhafte Quellenlage: Amendt stellt unzuverlässige Quellen und mangelhaft gekennzeichnete Quellenangaben fest (vgl. Amendt 1968: 14 ff). Zudem wird in der Forschung darauf hingewiesen, es liege ein fehlender Quellenzugang vor (vgl.

ebd: 19) oder zumindest ein eingeschränkter Quellenzugang hinsichtlich bestimmter Themenfelder (vgl. Richter/Gebauer 2010: 128).

Mangelndes Chinawissen und mangelnde Reflexion bei Journalisten: Zu der großen kulturellen Distanz zwischen Deutschland und China kämen mangelnde China- und Chinesischkenntnisse der Journalisten (vgl. Poerner 2009: 162; Amendt 1968: 23). Selbst in den untersuchten Qualitätsmedien stellt Poerner „Offensichtliche Defizite im Bereich landeskundlicher und fremdsprachlicher Kenntnisse in Kombination mit einem ausgeprägten Mangel an Reflexion der eigenkulturellen Prägung" fest (Poerner 2009: 177). Richter/Gebauer kritisieren nicht die Expertise der Journalisten, weisen aber darauf hin, dass aufgrund der teils schwierigen Arbeitsbedingungen mit erschwertem Quellenzugang sich „auch bei den Korrespondenten stereotype Vorstellungen über chinesische Handlungen in den Beiträgen niederschlagen können und einem möglichen eigenen Bias gegenüber der chinesischen Führung Raum gegeben wird." (Richter/Gebauer 2010: 236)

Zusammenfassend lässt sich feststellen, dass laut bisherigerer Studien Mängel in der deutschen Chinaberichterstattung vorliegen, die auch mit der chinesischen Kritik von 2008 übereinstimmen. Allerdings wurde bisher nicht deutlich, ob sich diese Mängel generalisieren lassen.

Auffällig ist die Unterschiedlichkeit der Kategorien, anhand derer die Berichterstattung untersucht wurde. Ein Vergleich der Studien und verallgemeinerbare Schlussfolgerungen fallen also schwer. Zudem sind die Studien selbst teilweise stark ereignisfixiert bzw. weisen eine ungenaue Methodik oder wenig fundierte Schlussfolgerungen auf. So werden in mehreren Arbeiten auf Basis des untersuchten Medieninhalts Rückschlüsse auf die Chinakenntnisse der Journalisten gezogen, ohne zu reflektieren, dass über die Inhaltsanalyse bloß der Text, aber nicht der Kommunikator untersucht werden kann. Die kontextualisierende Studie von Richter/Gebauer zeigt hingegen zum einen, dass Mängel teilweise auf die schwierigen Arbeitsbedingungen für Journalisten in China zurückzuführen sind, zum anderen, dass Mängel themenspezifisch vorhanden oder nicht vorhanden sein können.

Angesichts der oben dargestellten Reflexion über den aktuellen Forschungsstand lässt sich vermuten, dass die deutsche Chinaberichterstattung nicht generell mangelhaft ist, sondern dass *je nach Forschungsperspektive* ganz unterschiedliche Ergebnisse erzielt werden können. In der vorliegenden Arbeit soll daher zum einen eine Perspektive auf den Forschungsgegenstand eingenommen werden, die in vorangehenden Arbeiten bisher nicht berücksichtigt wurde: Es wird angenommen, dass die Art des Ereignisses, die Phase, in der sich ein Ereignis gerade befindet, sowie das berichtende Medium Einfluss haben auf die Inhalte der Chinaberichterstattung. Zum anderen wird zur Erhöhung der zukünftigen Vergleichbarkeit von Studien zur Chinaberichterstattung ein Katalog von Merkmalen erstellt, auf dem die hier durchgeführte empirische Untersuchung basiert und anhand dessen Auslandsberichterstattung in Zukunft auf vergleichbarer Basis untersucht werden könnte.

3 Auslandsberichterstattung

Vor der Darstellung der acht zentralen inhaltlichen Merkmale der Auslandsberichterstattung erfolgt im Folgenden eine überblicksartige Vorstellung und Erläuterung des Forschungsbereichs Auslandsberichterstattung. In Anlehnung an Kai Hafez[15] (vgl. Hafez 2005: 22; Hafez 2002a: 24) gilt für den Begriff ‚Auslandsberichterstattung' zunächst folgende Definition: *Unter* Auslandsberichterstattung *werden Inhalte und Prozesse journalistischer Berichterstattung in klassischen Massenmedien über Sachverhalte jenseits des Heimatstaates verstanden. Es handelt sich um eine Form der nationale und kulturelle Grenzen überschreitenden Kommunikation, die von heimischen Medien ausgeht, welche die Informationen aus dem Ausland für das heimische Publikum aufbereiten.* Nach der Erläuterung der acht zentralen Auslandsberichterstattungsmerkmale wird diese Definition präzisiert.

Der Schwerpunkt liegt in dieser Arbeit also auf Medien*inhalten*, in dem Bewusstsein, dass Auslandsberichterstattung weitaus komplexer ist, als dass die Analyse von Inhalten alleine ausreichen würde, um ein vollständiges Bild zu erhalten. Allerdings bezieht sich die chinesische Kritik zunächst auf die Medieninhaltsebene, entsprechend steht diese hier im Vordergrund.

Als mögliche Einflussfaktoren auf die Auslandsberichterstattung nennt zum Beispiel Jürgen Wilke geografische Variablen (Größe und Lage eines Landes), Systemvariablen (Staats- und Gesellschaftsordnung, ökonomisches System), Infrastrukturvariablen (technische und personelle Bedingungen), Medienvariablen (Merkmale, Strukturbedingungen und Organisationsformen der Medien), journalistische Variablen (berufliche und politische Sozialisation der Medienakteure), Rezipientenvariablen (Zuschnitt des Medieninhaltes auf verschieden geprägte Publika) sowie Ereignisvariablen (vgl. Wilke 1998: 40 ff.). Letztere werden als relevant für die vorliegende Arbeit angesehen, da hier bezüglich der Chinaberichterstattung von einer „Abhän-

---

[15] 2002 erfolgt von Hafez folgende Definition: „Unter Auslandsberichterstattung soll (…) jedes System der journalistischen Informationsübermittlung verstanden werden, in dessen Verlauf Informationen und Nachrichten staatliche Grenzen überschreiten." (Hafez 2002a: 24) Hafez geht von heimischen Medien aus, die Nachrichten aus dem Ausland für das heimische Publikum aufbereiten (vgl. ebd: 25). Diese Aspekte werden in der vorliegenden Arbeit mit folgender Definition von 2005 verbunden: „Unter Auslandsberichterstattung versteht man Inhalte und Prozesse der Medienberichterstattung über Sachverhalte jenseits des Heimatstaates. Sie ist vermittelnde, journalistische Kommunikation und unterscheidet sich von anderen Formen grenzüberschreitender Kommunikation (z.B. Internet), die auch ohne Vermittlung von Journalisten stattfinden können." (Hafez 2005: 22)

gigkeit der Berichterstattung von dem, was geschieht“ (vgl. Wilke 1998: 45) ausgegangen wird.

Mit den Einflussfaktoren auf die Chinaberichterstattung aus Kommunikatorperspektive als Schwerpunkt hat sich Sandra Voglreiter (2009) beschäftigt. Auf Basis von Interviews mit 20 hauptberuflichen Chinakorrespondenten im Sommer 2007 (vgl. Voglreiter 2009: 57) werden die Einflussfaktoren bezüglich der Chinaberichterstattung auf mehreren Ebenen untersucht (vgl. ebd: 2009: 28 ff.). Deutlich wird hier die starke Beeinflussung der Arbeitsbedingungen durch den chinesischen Staat (Einschüchterung von Quellen, Überwachung, Verwarnungen, schlechter Zugang zu offiziellen Quellen; vgl. ebd: 89 ff.), was wiederum Einfluss auf die Medieninhalte haben kann. Die in der vorliegenden Arbeit analysierten Inhalte der Chinaberichterstattung sind also fraglos das Resultat vieler verschiedener Einflussfaktoren.

Der Forschungsbereich der Auslandsberichterstattung ist Teil der Internationalen Kommunikationsforschung, ein interdisziplinäres und sehr heterogenes Forschungsfeld, in dessen Rahmen nicht nur die mediale Kommunikation, sondern zum Beispiel auch die Kommunikation zwischen politischen Akteuren untersucht wird. In der vorliegenden Arbeit liegt der Fokus auf der kommunikationswissenschaftlichen Ausrichtung des Forschungsbereiches, zu dessen Forschungsgegenständen der Vergleich von Mediensystemen sowie die zwischenstaatliche Kommunikation zählen. Zu letzterem Themenbereich zählt wiederum die Auslandsberichterstattung (vgl. Meckel/Kamps 2003: 481).

Hafez bemängelt allerdings, dass es bisher „keine homogene Theorie internationaler und interkultureller Darstellung“ gebe, keine anwendungsbezogene Theorie formuliert worden sei und selbst die Theorien nach dem Paradigmenwechsel „in einem weitgehend vortheoretischen Stadium“ geblieben seien (Hafez 2002a: 178).

Vor dem sogenannten Paradigmenwechsel wurde im Rahmen des Modernisierungsansatzes, der Dependenztheorien und der NWICO-Debatte von einer grundsätzlichen Unausgewogenheit der Auslandsberichterstattung ausgegangen (vgl. Rullmann 1996: 20 ff.; Hafez 2002a: 51f.; Kamps 1998: 277 f.) aufgrund des Gegensatzes zwischen Zentrums- und Peripherienationen (vgl. Hafez 2002a: 27 f.). Ab Mitte der 1980er Jahre kommt es in der Internationalen Kommunikationsforschung zu einer ‚Theoriekrise‘ (vgl. Rullmann 1996: 20) und in den 1990er Jahren zu einem Paradigmenwechsel von einer nationalstaatlichen zu einer globalen Entwicklungsperspektive (vgl. Hafez 2002a: 28; Meckel/Kamps 2003: 488 ff).

Dabei wird im Rahmen des Konversionsansatzes von der Welt als einem ‚globalen Dorf‘ ausgegangen und von einer zunehmenden Übereinstimmung des Selbstbildes eines Landes mit dessen Bild in den Auslandsnachrichten anderer Länder (vgl. Hafez 2002a: 28 ff.). Im Rahmen des Domestizierungsansatzes gehen die Kommunikationswissenschaftler hingegen von einem ‚nationales Dorf‘ aus, da globale Themen von den Medien domestiziert und nationalisiert würden (vgl. Hafez 2002a: 28; Meckel/Kamps 2003: 485 ff).[16]

Die Untersuchung von Medien*inhalten* gehört zu den Schwerpunkten im Forschungsbereich Auslandsberichterstattung (vgl. Hafez 2005: 22). In der vorliegenden Arbeit erfolgt eine Systematisierung der in der Literatur als zentral erwähnten *inhaltlichen* Auslandsberichterstattungsmerkmale[17], da bisher je nach Aufsatz und Studie immer nur eine Auswahl an Merkmalen im Vordergrund steht und so keine Vergleichbarkeit der Ergebnisse möglich ist[18]. Da sich die in der Literatur erwähnten Merkmale in ihrer Definition teilweise überschneiden, ist eine klare Abgrenzung wichtig. Entsprechend werden in dieser Arbeit mehrere Faktoren in einem Merkmal zusammengefasst oder mehrdeutige Faktoren in zwei eigenständige Merkmale aufgeteilt. Die folgenden Merkmale und ihre Operationalisierung werden zunächst laut Literatur beschrieben und dann für die vorliegende Arbeit individuell definiert.

3.1 Merkmal 1: Eingeschränkte Quellenlage

Laut Literatur ist die Auslandsberichterstattung inhaltlich von einer Eingeschränkten Quellenlage geprägt. Vor allem wird auf eine geringe Vielfalt der Quellen hingewiesen, aufgrund einer Dominanz der großen westlichen Nachrichtenagenturen, die 50 bis 80 Prozent der Informationsquellen darstellen und daher die Nachrichtenlage maßgeblich bestimmen würden (vgl. Hafez 2005: 23; Sreberny-Mohammadi 1985: 53). In empirischen Studien wird dieser Aspekt aber relativiert. Hafez zum Beispiel stellt in seiner Studie zur deutschen Nahostberichterstattung[19] zwar eine Dominanz

[16] Für einen Überblick über die Debatten in der Internationalen Kommunikationsforschung vgl. zum Beispiel Rullmann 1996: 19 ff.; Hafez 2002a: 24 ff.

[17] Für eine Erläuterung *äußerer* Strukturmerkmale der deutschen Auslandsberichterstattung (wie Kostendruck, weniger qualifizierte Auslandskorrespondenten, Beschleunigung der journalistischen Arbeitsprozesse etc.) vgl. Meckel 1998: 267 ff.

[18] Wie bereits erwähnt gibt es zur Auslandsberichterstattung zahlreiche Studien und Aufsätze. Die hier durchgeführte Systematisierung von Merkmalen auf Basis folgender Arbeiten: 1. Da die Vielländerstudie (1985) von Annabelle Sreberny-Mohammadi eine der zentralen und meistzitierten Studien zur Auslandsberichterstattung darstellt, wird auf die darin dargestellten Merkmale verwiesen (vgl. Sreberny-Mohammadi 1985: 52 f.), obwohl die Daten vor mehr als 20 Jahren erhoben wurden. 2. Kai Hafez beschreibt in einem Handbuchaufsatz (2005) sowie im Rahmen seiner Studie zur deutschen Nahost-Berichterstattung (2002) zentrale Merkmale der Auslandsberichterstattung (vgl. Hafez 2002a: 56 ff.). 3. Klaus Kamps stellt im Rahmen einer Studie zur TV-Berichterstattung (1998) vier zentrale Merkmale der internationalen Nachrichtenberichterstattung fest (vgl. Kamps 1998: 283). 4. Die Studiengruppe InterKom zählt fünf zentrale Faktoren mangelhafter Nachrichtenkonstruktion in der deutschen Auslandsberichterstattung auf (vgl. Studiengruppe InterKom 1993: 110).

[19] Hafez hat eine quantitative und qualitative Langzeitstudie zur Auslandsberichterstattung der deutschen überregionalen Presse über den Nahen und Mittleren Osten, Nordafrika und den Islam durchgeführt. Per quantitativer Inhaltsanalyse im Untersuchungszeitraum von 1955 bis 1994 werden 11.518 Artikel aus der *SZ*, *FAZ*, dem *Spiegel* und dem *stern* untersucht (vgl. Hafez 2002b: 28 ff).

der großen Nachrichtenagenturen[20] in Bezug auf politische Themen fest, aber keine eindeutige Monopolstellung (vgl. Hafez 2002b: 304). Gürsel Gür zeigt in seiner Analyse der deutschen Türkeiberichterstattung[21], dass verschiedene Zeitungen viele identische Quellen verwendet hätten, weswegen sich auch das jeweilige Türkeibild sehr ähnle (vgl. Gür 1997: 168 f.). Richter und Gebauer hingegen messen in Bezug auf die deutsche Chinaberichterstattung 2008 bei allen untersuchten Medien eine relativ geringe Agenturabhängigkeit von nur rund 20 Prozent, was auf eine beachtlich hohe redaktionelle Eigenleistung hindeutet (vgl. Richter/Gebauer 2010: 10).

Allerdings wird in empirischen Studien die Untersuchung der Quellenlage sehr unterschiedlich, teilweise auch ungenau umgesetzt. Oftmals wird die Variable zwar ‚Quelle' genannt, tatsächlich aber der Verfasser des Artikels erhoben (vgl. zum Beispiel Hafez 2002b: 84 ff.; Gür 1997: 140 f.). In anderen Arbeiten wiederum wird zwischen Quelle und Verfasser unterschieden, wie zum Beispiel in der Lateinamerika-Studie von Susanne von Roemeling-Kruthaup[22], in der die Kategorie, in der zwischen den Ausprägungen Agenturmaterial und journalistische Eigenleistung unterschieden wird, zutreffenderweise auch ‚Verfasser' genannt wird (vgl. Roemeling-Kruthaup 1991: 85). Sreberny-Mohammadi erhebt mit ihrer Kategorie *source of item* tatsächlich die Quelle als Herkunft von Informationen. Dementsprechend sind zum Beispiel als Ausprägungen ‚Nachrichtenagentur des Heimatlandes' oder ‚Anderes Medium aus dem Heimatland' angegeben (vgl. Sreberny-Mohammadi 1985: 61 f.).

In vielen Studien liegt zudem ein Mangel an Identifikationskriterien vor. Der Begriff ‚Quelle' wird nicht definiert bzw. keine Codier-Regeln vorgegeben, die erklären, woran eine Quelle im Artikel zu erkennen ist. Hinzu kommt die generelle Problematik, dass Quellenangaben in der Medienberichterstattung grundsätzlich

---

[20] Die Dominanz der Nachrichtenagenturen als Informationsquellen weist auf folgende äußere Strukturmerkmale der Auslandsberichterstattung hin: Aufgrund der Kostenintensität von Auslandsberichterstattung können sich nur wenige Medien ein enges Korrespondentennetz leisten. Darum sind viele Korrespondenten für ein so großes Berichterstattungsgebiet zuständig, das sie es nicht auf vielfältige Weise abdecken können (vgl. Hafez 2005: 23). Zur Kompensation wird auf das Material von Nachrichtenagenturen oder ausländischer Medien zurückgegriffen, während eigene Quellenrecherche vernachlässigt wird. Eine Kompromisslösung ist die Entsendung von Reisejournalisten in eine Region im akuten Falle eines Berichterstattungsanlasses. Im Vergleich zu festen Korrespondenten verfügen Reisejournalisten aber über wenig Hintergrundwissen über die Region und keine etablierten Zugänge zu lokalen Quellen (vgl. Meckel 1998: 268 ff.).

[21] Gür analysiert das Türkeibild der deutschen Presse in Bezug auf die EU-Türkei-Beziehungen auf Basis von 3826 Artikeln (vgl. Gür 1997: 165) aus den überregionalen Tageszeitungen *FR*, *SZ*, *FAZ* und *Die Welt* im Zeitraum 1987 bis 1995 (vgl. Gür 1997: 27 ff.). Zudem werden verantwortliche Zeitungsredakteure befragt (vgl. ebd: 43 ff.).

[22] Roemeling-Kruthaup untersucht in ihrer Inhaltsanalyse die Quantität und Qualität von Hintergrundberichterstattung in der Lateinamerika-Berichterstattung der deutschen überregionalen Zeitungen *Die Zeit*, *FAZ*, *SZ* und *Die Welt* (vgl. Roemeling-Kruthaup 1991: 76). Das Untersuchungsmaterial stammt aus dem Zeitraum 1985 bis 1986 (vgl. ebd: 81 f.)

unvollständig sein können (vgl. Wagner 2001: 76 ff.)[23] bzw. eigentlich keine Rückschlusse auf die tatsächlich genutzten Quellen möglich sind, da bei Quellenangaben oft nicht ersichtlich ist, ob die Information vom Verfasser selbst erfragt wurde oder ob sie aus einer nicht erwähnten Agenturmeldung stammt. Bei Ländern wie China, in denen die Medienberichterstattung intensiv staatlich kontrolliert wird, liegen zudem erschwerte Recherchebedingungen vor (vgl. Voglreiter 2009: 90 ff.; zur Problematik der Quellenidentifizierung vgl. auch Hafez 2002b: 84 f.) Es stellt sich also die Frage, wie zuverlässig bisherige Rückschlüsse auf die Quellenlage einzuschätzen sind. Deutlich wird, dass die Methode der Inhaltsanalyse allein unzureichend ist, um die Quellenlage zu ermitteln. Eigentlich müsste zusätzlich eine Befragung oder Beobachtung des Verfassers zu Quellenangaben im Artikel durchgeführt werden.

Trotz dieser Schwierigkeiten soll die Einschränkte Quellenlage in der vorliegenden Arbeit untersucht werden, unter der Einschränkung, dass nur explizit gekennzeichnete Quellen codiert wurden und dass in der Ergebnisinterpretation nur bedingt aussagekräftige Rückschlüsse in Bezug auf die tatsächliche Quellenlage gezogen werden können. Mit Sicherheit sagen die hier erhobenen Daten aber etwas über die Quellen*transparenz* der Chinaberichterstattung aus.

In der vorliegenden Arbeit wird unter einer Quelle die Herkunft bzw. Entstehung einer Information vonseiten einer Institution oder Person verstanden, die dem Journalisten Fakten bzw. Meinungen liefert (vgl. Weischenberg 2001: 135 ff.). Informationsquellen in der Auslandsberichterstattung können zum Beispiel lokale Quellen sein, wie lokale Medien, Meinungsführer oder lokale Nachrichtenagenturen, sowie Quellen außerhalb des Berichterstattungslandes wie die großen westlichen Nachrichtenagenturen (vgl. Hafez 2005: 23; Sreberny-Mohammadi 1985: 53).

Bei der hier geltenden Definition des Merkmals Eingeschränkte Quellenlage wird zudem die Variable des Verfassers integriert: *Das Auslandsberichterstattungsmerkmal* Eingeschränkte Quellenlage *liegt vor, wenn die Berichterstattung eine geringe Quellenanzahl, eine geringe Quellenvielfalt und eine Dominanz von Nachrichtenagenturen als Quellen und Verfasser aufweist.*

3.2 Merkmal 2: Nationalisierte Perspektive

Laut zahlreicher nachrichtengeografischer Studien berichten Medien in ihrer Auslandsberichterstattung aus der Perspektive des Nationalen bzw. ihrer eigenen geogra-

---

[23] „Die Quellenangabe ist immer dann angebracht, wenn es sich um Exklusiv-Informationen einer Zeitung oder eines Senders handelt, die der Korrespondent nicht überprüfen kann, weil er keinen Zugang zur Quelle hat. (…) Für Journalisten zugängliche Ereignisse, die von den Medien des Gastlandes übertragen werden, werten Auslandskorrespondenten also normalerweise ohne Quellenangabe aus." (Wagner 2001: 76 f.) Die Medien des Gastlandes würden den Korrespondenten über einen längeren Zeitraum hinweg mit Informationen und Kontext versorgen, die zum gegebenen Zeitpunkt in einen Text einfließen, ohne dass die Originalquelle genannt werde (ebd: 79).

fischen Region (auch als Nationenzentrismus, Zentrismus oder Domestizierungseffekte bezeichnet). Internationales Geschehen wird durch den geografischen Schwerpunkt im eigenen Land national wahrgenommen, verarbeitet und diskutiert (vgl. Meckel/Kamps 2003: 486; Kamps 1998: 283; Hafez 2005: 25). Aufgrund dieser Domestizierung eines ausländischen Ereignisses und der Verdrehung der globalen in eine nationale Perspektive wird immer nur ein kleiner Ausschnitt des Weltgeschehens dargestellt (vgl. Kamps 1998: 281).

Die Nationalisierte Perspektive der Auslandsberichterstattung bestätigen viele Studien (vgl. zum Beispiel Wasinski 2007: 108; Gür 1997: 167 f.). Auch in Bezug auf die deutsche Chinaberichterstattung wird Eurozentrismus festgestellt (vgl. Richter/Gebauer 2010: 11).

Die Überprüfung des Merkmals Nationalisierte Perspektive wird allerdings unterschiedlich gehandhabt. Maria Wasinski schließt in ihrer Inhaltsanalyse zur Berichterstattung über die EU-Osterweiterung in der deutschen Presse[24] auf eine nationalisierte Sichtweise durch Ländernennungen (vgl. Wasinski 2007: 68 ff.), die Herkunft der Akteure (vgl. ebd: 76 ff.) und durch die Berichterstattungsperspektive (vgl. ebd: 97 ff.). Gür schließt auf eine nationalisierte Sichtweise in der deutschen Türkeiberichterstattung durch die Themenverteilung (vgl. Gür 1997: 129 ff.), Ortsbezeichnungen (Ortsmarken; vgl. ebd 1997: 138 ff.) und die Nationalität von Aussage- und Handlungsträgern (vgl. ebd: 153 ff. und 167 f.). Die Aussagekraft von Ortsmarken bezüglich der Nationalisierten Perspektive ist jedoch anzuzweifeln, da Ortsmarken je nach Medium sehr unterschiedlich verwendet werden[25]. Eine erste Sichtung des für diese Arbeit relevanten Untersuchungsmaterials hat gezeigt, dass nur ein Teil der Artikel Ortsmarken aufweist.

In der Definition des Merkmals werden daher die Schwerpunkte unter anderem bei den Aspekten Ländernennungen und Herkunft der Akteure gesetzt: *Das Auslandsberichterstattungsmerkmal* Nationalisierte Perspektive *liegt vor, wenn die Mehrzahl der Akteure und Quellen deutsch ist, wenn unter den Berichterstattungsländern Deutschland am häufigsten vorkommt und wenn die Mehrzahl der Artikel Deutschlandbezug aufweist.*

---

[24] Maria Wasinski untersucht in ihrer Studie die Berichterstattung über die EU-Osterweiterung in den überregionalen Tageszeitungen *Bild*, *taz*, *FAZ* und *SZ* im Zeitraum 1. bis 30. April 2004 (vgl. Wasinski 2007: 52 ff.). Herausgearbeitet werden Strukturmerkmale der Berichterstattung über den EU-Beitritt mittel- und osteuropäischer Staaten (vgl. ebd: 48 f.).

[25] Die Ortsmarke macht in (manchen) Zeitungsartikeln den Standort des Verfassers kenntlich. „Erstaunlich ist, wie leichtfertig selbst einflussreichste deutsche Leitmedien wie die Nachrichtenagentur dpa mit Ortsmarken verfahren. Nach dpa-Auskünften gibt es keinen ‚verbindlichen Wortlaut als Dienstanweisung' zum Umgang mit Ortsmarken. Grundsätzlich bestehe die Agentur nicht darauf, dass die Ortsmarke auch den Ort bezeichne, an dem der Berichterstatter sich befindet. Es genügt der dpa, mit einem Ort telefoniert zu haben, um dessen Ortsmarke zu verwenden. Im Ausland dürfen Korrespondenten die Ortsmarken örtlicher Partneragenturen übernehmen, sobald diese einen vertrauenswürdigen Eindruck machen." (Mükke 2008: 7)

3.3 Merkmal 3: Regionalismus

Laut Literatur ist die Auslandsberichterstattung inhaltlich vom Merkmal Regionalismus geprägt (auch universeller Regionalismus bzw. Regionalismus und Metropolenorientierung genannt). Regionalismus wird allerdings unterschiedlich charakterisiert, so dass es zu Überschneidungen mit dem Merkmal Nationalisierte Perspektive kommt:

1. Regionalismus kann bedeuten, dass die Medien vor allem über die eigene Region und die dort angesiedelten Ereignisse und Akteure berichten (vgl. Hafez 2002a: 58). „For example, Nigeria featured African news most prominently, while Argentina featured Latin American stories, and so on." (Sreberny-Mohammadi 1985: 52)
2. Zum anderen kann gemeint sein, dass aufgrund des Nachrichtenfaktors Nähe/ Interesse[26] qualitativ hochwertiger über Regionen berichtet wird, zu denen eine geografische, kulturelle, politische oder ökonomische Nähe besteht (vgl. Hafez 2005: 22 f.).
3. Regionalismus kann auch bedeuten, dass über bestimmte Nationen und Regionen deutlich häufiger berichtet wird, während andere Länder selten oder nur in eng gefassten Zusammenhängen auftauchen. Zu diesen ‚relevanten' Regionen zählen laut Sreberny-Mohammadi vor allem Westeuropa und die USA, die in der Studie von 1985 besonders häufig vorkommen, Regionen wie Asien, Afrika und Lateinamerika bzw. Entwicklungsländer hingegen deutlich weniger und teilweise gar nicht[27] (vgl. Sreberny-Mohammadi 1985: 52; Kamps 1998: 283; Hafez 2002a: 58 f.; Hafez 2005: 22).

Die empirische Überprüfung des Regionalismus erfolgt in den Studien zum Beispiel über Länderlisten (vgl. Hafez 2002b: 394). Bei Sreberny-Mohammadi wird nicht explizit gesagt, anhand welcher Kategorien auf Regionalismus geschlossen wird.

[26] Bei vielen in der Literatur beschriebenen Merkmalen der Auslandsberichterstattung werden Nachrichtenfaktoren als Aspekt einbezogen. Da es in der Nachrichtenwerttheorie aber um die Selektion von Nachrichten aufgrund bestimmter Kriterien geht, also um den *Medienakteur* und seine Entscheidungen, wird in der vorliegenden Arbeit, die sich auf Medieninhalte fokussiert, nicht weiter auf diesen Bereich eingegangen. Für detailliertere Ausführungen zur Bedeutung der Nachrichtenfaktors Nähe für die Auslandsberichterstattung in Tageszeitungen vgl. Scherer et. al. 2006.

[27] Eine Ausnahme stellt laut Hafez dabei der Nahe Osten dar, der eine hohe mediale Beachtung findet (vgl. Hafez 2002a: 59). Zudem ist an dieser Stelle anzumerken, dass eine aktuelle Vielländerstudie angesichts der zunehmenden Globalisierung und des ökonomischen und politischen Bedeutungszuwachses zum Beispiel von asiatischen Staaten heutzutage vermutlich ein verändertes Ergebnis aufweisen würde. Allerdings hat sich seit 1985 die Dominanz der großen westlichen Nachrichtenagenturen nicht verändert, so dass weiterhin eine Überrepräsentierung des Westens in der weltweiten Auslandsberichterstattung vermutet werden kann.

Vermutlich wird auf das Merkmal durch die Ereignisorte und die Nationalität der Akteure geschlossen (vgl. Sreberny-Mohammadi 1985: 15).

In der vorliegenden Arbeit konzentriert sich die Definition des Merkmals auf die dritte der oben aufgeführten Bedeutungen, also auf den Berichterstattungsschwerpunkt bei bestimmten Regionen. Überprüft wird das in dieser Arbeit ausschließlich anhand der erwähnten chinesischen Regionen, so dass eine Überschneidung mit dem Merkmal Nationalisierte Perspektive ausgeschlossen ist.

Daraus ergibt sich folgende Definition: *Das Auslandsberichterstattungsmerkmal* Regionalismus *liegt vor, wenn bestimmte chinesische Regionen häufiger als Berichterstattungsorte vorkommen als andere, bestimmte Regionen Chinas also vernachlässigt werden.*

3.4 Merkmal 4: Krisenzentrierung

Laut Literatur wird Krisen in der Auslandsberichterstattung viel Platz eingeräumt. „Handelt es sich (..) nicht um Konflikte, Kriege oder Katastrophen, die im ‚Idealfall' auch noch unter nationaler Beobachtung oder Beteiligung stattfinden, dann haben es Ereignisse immer schwerer in den Fokus der Auslandsberichterstattung nationaler oder internationaler Fernsehsender zu geraten." (Meckel 1998: 258)[28]

Dieser Trend wird nicht nur beim Fernsehen, sondern generell beobachtet. Hafez stellt fest, dass „nahezu alle empirischen Untersuchungen der Auslandsberichterstattung (…) eine ausgeprägte *Konfliktperspektive*" aufzeigen würden. „Über politische und soziale Krisen, Konflikte und Kriege sowie über natürliche wie menschlich verursachte Katastrophen wird relativ nachhaltig berichtet" (Hafez 2002a: 60, Hervorhebung im Original). Besonders bei Regionen, über die wenig berichtet wird (vgl. Merkmal 3: Regionalimus), ist die Berichterstattung von Krisenberichterstattung geprägt, da keine Ausbalancierung der Nachrichtenlage durch andere Themen erfolgt. Das ist häufig bei Entwicklungsländern als Ort der Berichterstattung der Fall (vgl. Sreberny-Mohammadi 1985: 52)[29].

Manche empirische Studien widerlegen bzw. relativieren die Krisenzentrierung. Katja Nafroth stellt zum Beispiel in ihrer Inhaltsanalyse zur deutschen Japanbericht-

---

[28] Laut Meckel sei Auslandsberichterstattung ursprünglich grundsätzlich auf Kriege und Krisen ausgerichtet gewesen und damit in ihrer Funktion mit Kriegsberichterstattung gleichzusetzen. Das hätte sich Anfang der 1950er Jahre geändert, als mit dem Aufbau eigener Korrespondentennetze bei den Medien weitere Themen an Bedeutung gewannen (vgl. Meckel 1998: 258 ff.)

[29] Als Ursache für die Krisenzentrierung von Auslandsberichterstattung werden von Meckel am Beispiel der USA strukturelle Veränderungen in den Mediensystemen genannt, welche sich immer stärker kommerzialisieren und aus Entertainisierungsgründen Informationen mit Überraschungseffekt, wie Krisen und Konflikte, in den Vordergrund rücken würden (vgl. Meckel 1998: 258 ff.). Zudem stünden die Medien angesichts der umfangreichen Nachrichtenlage unter Selektionsdruck und würden sich daher für aufmerksamkeitserzeugende Nachrichten entscheiden, wie zum Beispiel über Konflikte (vgl. Hafez 2005: 23).

erstattung[30] fest, dass in Bezug auf Japan selten über stark negative Ereignisse, wie Kriege und Katastrophen berichtet wird (vgl. Nafroth 2002: 123, Fußnote 183). Hafez findet unter anderem heraus, dass die Krisenzentrierung in der Nahostberichterstattung stark themenbezogen erfolgt, nicht allgemein (vgl. Hafez 2002b: 296). In Bezug auf die Chinaberichterstattung hingegen wird von Richter und Gebauer eine Krisenzentrierung festgestellt. So herrsche „eine auf Konflikte und Gewalt fokussierende Kernagenda in der China-Berichterstattung vor" (Richter/Gebauer 2010: 11).

Auch hier ist die Vergleichbarkeit der Studien schwierig, da in manchen Arbeiten nicht zwischen Krisenberichterstattung und Negativismus/Negativberichterstattung unterschieden wird. Nafroth zum Beispiel betrachtet in ihrer Japanstudie Krisenberichterstattung als Teil der Negativberichterstattung. Abgefragt wird durch die Kategorie ‚(Vermittlungs-)Anlass des Artikels' unter dem Oberbegriff Negativismus unter anderem, ob als Vermittlungsanlass ein schwerwiegend negatives Ereignis im Vordergrund steht, wozu auch Katastrophen zählen, bzw. ob eine Problemdarstellung im Vordergrund steht, wozu wiederum auch Konflikte zählen (vgl. Nafroth 2002: 97) Hafez macht es in seiner Analyse der deutschen Nahostberichterstattung genau umgekehrt: Er betrachtet Negativberichterstattung als Teil einer Konfliktperspektive und untersucht, wie positiv, negativ oder neutral über Ereignisse berichtet wird, wobei zum Beispiel Gewaltkonflikte als negativ gelten, gewaltlose Konflikte als negativ-neutral (vgl. Hafez 2002b: 60). Zusätzlich gibt es noch die Kategorie ‚Thematisierung', über die Dauerthemen codiert werden, unter denen sich auch zahlreiche Konflikte befinden (ebd: 54).

In der vorliegenden Arbeit werden Krisenzentrierung und Negativzentrierung als zwei unterschiedliche Merkmale behandelt, da davon ausgegangen wird, dass die Thematisierung von Konflikten, Kriegen und Katastrophen nicht grundsätzlich Negativzentrierung bedeutet. Die Berichterstattung zum Beispiel über Katastrophen kann aus solidarischer und mitfühlender Perspektive geschildert sein. Zur Konfliktberichterstattung gehört auch die Berichterstattung über Streitschlichtungen und Friedensbemühungen, welche nicht als Negativzentrierung angesehen werden können (vgl. dazu auch Kamps 1998: 277, Fußnote 3). Aus diesem Grund werden in der vorliegenden Arbeit Krisenzentrierung und Negativzentrierung getrennt untersucht.

Die Begriffe Krisen-, Konflikt-, Katastrophen-, Kriegsberichterstattung etc. werden hier zusammenfassend als Krisenzentrierung bezeichnet. Laut Löffelholz können: „Krisen (..) als (vermutete) Bedrohungen zentraler Werte eines Systems definiert werden. Dabei wird Sicherheit – bis hin zur Gefährdung der Existenz – reduziert, Zeitressourcen verknappt und hoher situativer Entscheidungsdruck induziert." Durch Krisen würden ungewollt „dominante Ziele" gefährdet, der Ausgang sei ambivalent und unvorhersehbar und der Ablauf nur teilweise beeinflussbar (Löffel-

30 Nafroth untersucht das Japanbildes der vier überregionalen Tageszeitungen *SZ*, *FAZ*, *FR* und *Die Welt*. Verglichen wird die Berichterstattung von insgesamt 1070 Artikeln in den zwei Zeiträumen 1995 bis 1998 sowie 2001 bis 2002 (vgl. Nafroth 2002: 174 f.). Die Inhaltsanalyse wird zusätzlich mit einer Befragung von Japanberichterstattern zum Japanbild kombiniert (vgl. ebd: 211).

holz 2004: 48). In der vorliegenden Arbeit gelten Katastrophen, Konflikt und Kriege als Krisentypen.

Aus systemtheoretischer Sicht wird bei einem *Konflikt* einer Kommunikation widersprochen. Dabei besteht die Gefahr, dass gemeinsame Werte verloren gehen oder sich der aktuelle Systemzustand stark verändert. Im Gegensatz zum Krieg wird beim Konflikt auf den Widerspruch mit Kommunikation reagiert. *Krieg* ist die Eskalation eines Konflikts, bei dem Gegner die Möglichkeit zur Kommunikation genommen werden soll (vgl. Görke 2004: 122 f.) und auf Widersprüche nicht mit Kommunikation, sondern mit „organisierter, extremer, physischer" Gewalt reagiert wird (ebd: 122). Eine *Katastrophe* erfolgt meistens unregelmäßig, ungeplant bzw. unerwartet und hat grundsätzlich negative Auswirkungen auf Menschen und menschliche Strukturen. Das Ausmaß ist hinsichtlich der Schäden (zum Beispiel Todesopfer, Verletzte, Schäden an Gebäuden) außerordentlich groß. Die Kompensationsfähigkeit des lokalen Netzwerks wird überschritten, die Fähigkeit zur Selbsthilfe ist eingeschränkt, so dass überregionale Hilfe notwendig ist (vgl. Müller 1980: 10 ff.).

Für das hier beschriebene Auslandsberichterstattungsmerkmal ergibt sich daher folgende Definition: *Das Auslandsberichterstattungsmerkmal* Krisenzentrierung *liegt vor, wenn in den meisten Artikeln Krisen als Hauptthema vorkommen und wenn auf den meisten Bebilderungen eine Krisensituation zu sehen ist.*

3.5 Merkmal 5: Politikzentrierung

Politische Ereignisse, Akteure und Systeme stellen laut Literatur einen Schwerpunkt in der Auslandsberichterstattung dar, da Politik von den Medien als grundsätzlich relevant für die Öffentlichkeit eingestuft wird (vgl. Sreberny-Mohammadi 1984: 52). Geschätzt wird, dass politische Themen 60 bis 80 Prozent der Inhalte im Rahmen von Auslandsnachrichten darstellen, während Sachgebiete wie Wirtschaft, Gesellschaft und Kultur deutlich weniger vorkommen (vgl. Hafez 2005: 23). Das mag daran liegen, dass „Handlungen der politischen Akteure und Systeme (…) von der Medienberichterstattung als primäre gesellschaftliche Triebkräfte betrachtet" werden (Hafez 2002a: 63). Hafez vermutet, die Politikzentrierung habe auch Negativzentrierung zur Folge, wenn über ein Land, dessen politische Akteure als negativ wahrgenommen würden, politikzentriert berichtet werde (vgl. Hafez 2002a: 64). Eine Ausbalancierung durch andere Themenbereiche zu einem realitätsnahen Medienbild ist dann, aufgrund der Dominanz politischer Themen, erschwert.

Das Merkmal der Politikzentrierung wird in vielen empirischen Studien bestätigt. Wasinski in Bezug auf die EU-Berichterstattung und Nafroth in Bezug auf die Japanberichterstattung stellen eine Dominanz der Themen Politik und Wirtschaft fest (vgl. Wasinski 2007: 75 f.; Nafroth 2002: 116 ff.). Hafez kommt bezüglich der deutschen Nahostberichterstattung zu dem Ergebnis, dass „eine ausgeprägte Politikkonzentration" vorliege, „während zivilgesellschaftliches Wissen durch die Marginalisierung ganzer Informationsbereiche (Soziales/Umwelt, Kultur/Wissenschaft, Unterhaltung usw.) kaum vermittelt wird“ (Hafez 2002b: 294). In Bezug auf die Chinaberichterstattung 2008 kommen Richter und Gebauer, wenn man die dort differenzierten Sachgebiete Innenpolitik und Internationales zusammen betrachtet, auf 37 Prozent Politikberichterstattung, was im Vergleich zu anderen Sachgebieten den höchsten Anteil darstellt (vgl. Richter/Gebauer 2010: 44).

Gemessen wird die Politikzentrierung zum Beispiel über die Erhebung der Sachgebiete (vgl. Hafez 2002b: 47 ff.) und der Akteure (vgl. ebd: 73 ff.), der Themenbereiche (vgl. Nafroth 2002: 115) oder über die Höhe des Anteils erwähnter politischer Ereignisse (vgl. Wasinski 2007: 49 f.). Für die vorliegende Arbeit werden manche dieser Kategorien übernommen.

Dementsprechend ergibt sich folgende Definition: *Das Auslandsberichterstattungsmerkmal* Politikzentrierung *liegt vor, wenn die meisten Artikel im Ressort Politik erscheinen, die meisten Artikel dem Sachbereich Politik zuzuordnen sind und überwiegend politische Akteure vorkommen.*

3.6 Merkmal 6: Elitenzentrierung

Festgestellt wird bezüglich der in der Auslandsberichterstattung vorkommenden Akteure eine starke Konzentration auf politische Eliten bzw. „offizielle Eliten oder Gegeneliten (etwa Rebellen/Putschisten)“ (vgl. Hafez 2002a: 64) bzw. eine Dominanz von Akteuren aus westlichen Industriestaaten. Andere soziale und politische Akteure und damit ganze Bevölkerungsmehrheiten werden vernachlässigt (vgl. Hafez 2002a: 64 f.; Hafez 2005: 23).

Die Elitenzentrierung wird durch empirische Studien bestätigt. Hafez zum Beispiel stellt in der Nahostberichterstattung die Dominanz von Eliten fest, während die nichtorganisierte, schweigende Bevölkerungsmehrheit und westliche Nicht-Regierungs-Organisationen (NGOs) vernachlässigt würden (vgl. Hafez 2002b: 299 f.). In Bezug auf die Chinaberichterstattung erwähnen Richter/Gebauer einen „Elite-Fokus“ (Richter/Gebauer 2010: 11). Laut Wasinski würden in der EU-Berichterstattung am häufigsten Vertreter der politischen Elite dargestellt (Wasinski 2007: 103 f.). Hier wird deutlich, dass Überschneidungen mit dem Merkmal Politikzentrierung bestehen, da politische Akteure häufig mit Elite-Akteure gleichgestellt werden.

So wird es auch in der vorliegenden Arbeit gehandhabt. In Anlehnung an eine Definition von Christine Kestel[31] werden hier Elite-Akteure als Personen und Institu-

[31] Der Begriff ‚Elite‘ wird in der Eliteforschung unterschiedlich definiert. In Bezug auf die vorliegende Arbeit wird auf die weitgefasste Systematisierung des Begriffs ‚Elite‘ von Kestel zurückgegriffen (vgl. Kestel 2008: 36 ff.). Demnach gibt es folgende Elite-Gruppierungen: 1. Funktionseliten (Gruppen mit Einfluss in einem bestimmten Funktionssystem); 2. Positionseliten (Gruppen an Spitzen/strategischen Positionen von Organisationen); 3. Macht- bzw. Entscheidungseliten (Personen ohne formale Position, die aber an den Schaltstellen der Macht sitzen und weitgehenden Einfluss auf

tionen mit hohem Bekanntheitsgrad und/oder mit Einfluss in einem bestimmten Funktionssystem definiert. Dazu zählen in jedem Fall staatliche und politische Akteure, so dass in diesem Fall eine Gleichsetzung von Politik- und Elite-Akteuren als angemessen erachtet wird. Eine Unterscheidung der Merkmale Politik- und Elitenzentrierung ist dennoch wichtig, da auch Eliten anderer Bereiche (zum Beispiel aus dem Bereich Wirtschaft und Sport) in Betracht gezogen werden sollen.

Die Messung des Eliten-Anteils erfolgt in Studien zum Beispiel durch einfache Zuordnungen von Akteuren als Elite- oder Nicht-Elite-Akteure (vgl. Wasinski 2007: 79 ff). In der vorliegenden Arbeit wird genauso vorgegangen.

Daraus ergibt sich folgende Definition: *Das Auslandsberichterstattungsmerkmal* Elitenzentrierung *liegt vor, wenn es sich bei den meisten Akteuren um Elite-Akteure handelt.*

3.7 Merkmal 7: Vernachlässigung des Kontextes

Ein häufig kritisiertes Merkmal der Auslandsberichterstattung ist die „Vernachlässigung von politischen, ökonomischen, sozialen und kulturellen Ursache-Wirkungs-Zusammenhängen" (Hafez 2002a: 65). Anscheinend ist Auslandsberichterstattung weniger auf Prozesse, komplexe Zusammenhänge und erklärende Hintergrundinformationen konzentriert, als auf Ereignisse bzw. punktuelle, aktuelle Themen. In Anlehnung an Bezeichnungen wie Dekontextualisierung (Hafez 2002a: 65), Spotlight-Journalismus oder Ad-hoc-Journalismus (Meckel 1998: 274) wird das Merkmal hier Vernachlässigung des Kontextes genannt.

Grundsätzlich ist der Bedarf, Hintergrundinformationen zu vermitteln, in der Auslandsberichterstattung höher als in der Inlandsberichterstattung, da bei ersterer von einem geringeren Hintergrundwissen auf Seiten der Rezipienten ausgegangen wird. Offenbar ist man laut Literatur der Ansicht, dass dies in der Regel nicht glücke. Gründe dafür seien zum Beispiel Zeit- und Platzmangel und der daraus resultierende Selektionsdruck, Vorgaben der Heimatredaktion bzw. des Medienunternehmens; Spar- und Rationalisierungszwänge und dadurch ein erhöhter Einsatz von kurzfristig

Entscheidungen haben); 4. Politische Eliten (Volksvertreter, also Personen, die Macht und Einfluss innerhalb eines politischen Systems ausüben); 5. Leistungseliten (Personen, die anerkannter Weise hohe Leistungen auf einem bestimmten Gebiet erzielen und dabei im Vergleich zu anderen Mitstreitern als Sieger hervorgehen), 6. Wert-Eliten (Personen mit Vorbild- und Orientierungsfunktion für die Gesellschaft in Bezug auf Moral und Lebensführung. Dazu zählen z.B. religiöse Führer, Philosophen, Politiker und Unternehmer und Spitzensportler, die für bestimmte Werte stehen); 7. Deutungseliten (Personen, die meinungsbildende Funktion für die Gesellschaft haben); 8. Prestige- und Reputationseliten (Personen mit Rang und Namen, „die sich verdient gemacht haben um das Wohl der Gesellschaft" (ebd: 42), z.B. Ärzte); 9. Eliten als Selbstzweck und Selbstbeschreibung („Die feine Gesellschaft", die privilegierte Klasse); 10. die Yellow-Press-Elite (Personen, die medienvermittelt als herausragend dargestellt werden und dadurch mit Orientierungsfunktion für die Gesellschaft, wie Künstler mit Star-Status und andere Prominente/Celebrities).

ins Ausland entsendeten Reisejournalisten, eine schwierige Quellenlage (vgl. Hafez 2002a: 65; Meckel 1998: 262) sowie eine unterschiedlich ausgeprägte „Kontextkompetenz“ von Auslandsjournalisten (Hafez 2002a: 65).

Kontextvernachlässigung kann nicht nur durch fehlende Hintergrundinformationen, sondern auch durch eine Nationalisierte Perspektive, Regionalismus, Politik- und Krisenzentrierung erfolgen, da durch diese Merkmale Zusammenhänge fehlen, um ein komplexes, möglichst realitätsnahes Bild eines Geschehens zu zeichnen. Um eine klare Abgrenzung zu den anderen Merkmalen zu gewährleisten, wird das hier beschriebene Merkmal aber ausschließlich mit Hintergrundberichterstattung in Zusammenhang gebracht.

Empirische Studien kommen zu unterschiedlichen Ergebnissen bezüglich der Kontextvernachlässigung. Hafez zum Beispiel stellt in der Nahostberichterstattung eine Konzentration auf bestimmte Großereignisse fest. Die Berichterstattung entwickele sich zunehmend in Richtung Ereignisberichterstattung, während die Hintergrundberichterstattung stagniere (vgl. Hafez 2002b: 293 f.). Ähnliches gilt für die Türkeiberichterstattung (vgl. Gür 1997: 165) und für die Chinaberichterstattung (vgl. Richter/Gebauer 2010: 15). Behrens stellt in der Chinaberichterstattung einen Mangel an historischen Hintergrundinformationen und damit an Einordnung fest (vgl. Behrens 1978: 265 f.) Nafroth hingegen findet in der deutschen Japanberichterstattung ausreichend Hintergrundinformationen (vgl. Nafroth 2002: 112); hier scheint also das Merkmal nicht zuzutreffen.

Der Kontextanteil wird je nach Studie sehr unterschiedlich untersucht. Hafez misst die Artikelhäufigkeit bei Ereignissen (vgl. Hafez 2002b: 44) und die Thematisierung von kurzfristigen Ereignissen (vgl. ebd: 54). Hier liegt der Schwerpunkt bei der Prüfung, ob eine Ereigniszentrierung vorliegt, dem Gegenteil von hintergrundorientierter Berichterstattung. Nafroth misst die Ausführlichkeit von Hintergrundinformationen pro Artikel (vgl. Nafroth 2002: 100). Ausführlicher ist das Merkmal bei Roemeling-Kruthaup operationalisiert, die bezüglich der deutschen Lateinamerikaberichterstattung neben der Thematisierung auch die Darstellung des Sachverhaltes, die zeitliche Tiefe der Hintergrundinformation, Zweck und Umfang des Geschichtsbezugs sowie die Erklärung von Krisenursachen durch den Journalisten untersucht (vgl. Roemeling-Kruthaup 1991: 89 ff.).

Für die vorliegende Arbeit wird Nafroths Vorgehensweise bevorzugt (vgl. Nafroth 2002: 100), da so pro Artikel die vollständige Erfassung der Hintergrundberichterstattung möglich ist[32]. Dabei wird unter kontextorientierter Hintergrundbe-

[32] Die Messung des Merkmals anhand vom Ereignisanteil an der Gesamtberichterstattung, wie es bei Hafez gemacht wurde (vgl. Hafez 2002b: 44 und 54), erscheint in Bezug auf diese Arbeit nicht sinnvoll, da sich diese nicht auf die Gesamt-Chinaberichterstattung, sondern auf bestimmte Ereignisse bezieht. Man könnte die Themenschwerpunkte innerhalb der Ereignisse messen; dies allein wird aber als unzureichend angesehen, um auf den tatsächlichen Anteil von Kontext und Ereigniszentriertheit schließen zu können, da dies pro Artikel stark variieren kann. Eine ausführliche Analyse wie bei Roemeling-Kruthaup wiederum ist im Rahmen dieser Arbeit nicht möglich, da hier der Schwerpunkt nicht allein bei der Hintergrundberichterstattung, sondern bei mehreren Merkmalen liegt.

richterstattung die mediale Darstellung langfristiger Bedingungen, Prozesse, Strukturen, Ereignisse, Motive und Interessen, die einem aktuellen Sachverhalt zugrunde liegen, sowie von Zusammenhängen zwischen verschiedenen Sachbereichen wie Politik, Wirtschaft und Kultur, verstanden. Die Hintergrundberichterstattung kann vergangenheitsbezogen geschichtlichen Hintergrund liefern, auf gegenwärtige Sachverhalte verweisen oder Prognosen für die Zukunft abgeben, so dass das tagesaktuelle Geschehnis in eine Gesamtentwicklung eingeordnet wird. Sie kann auch Sachzusammenhänge herstellen, zum Beispiel technische oder wissenschaftliche Erklärungen zu einem punktuellen Geschehnis (vgl. Quandt/Ratzke 1989: 117 ff). Ereignisorientierte Vordergrundberichterstattung wird als das Gegenteil dessen angesehen.

Eine bloße Schätzung der Hintergrundberichterstattung, wie Nafroth sie durchführt (vgl. Nafroth 2002: 100), wird allerdings als unzureichend angesehen. Stattdessen wird in der vorliegenden Arbeit der Umfang von Textabschnitten (gemessen in Zeichen inklusive Leerzeichen), die als Hintergrundberichterstattung betrachtet werden, addiert und in Relation zum Gesamtumfang des Artikels gesetzt. Auf diese Weise soll ein genaueres Ergebnis erzielt werden.

Daraus ergibt sich schließlich folgende Merkmalsdefinition: *Das Auslandsberichterstattungsmerkmal* Vernachlässigung des Kontextes *liegt vor, wenn weniger kontextorientierte Hintergrundberichterstattung als ereignisorientierte Vordergrundberichterstattung vorkommt.*

3.8 Merkmal 8: Negativzentrierung

Die Auslandsberichterstattung ist laut Literatur von Negativismus geprägt (vgl. Hafez 2002a: 61). Besonders über Entwicklungsländer wird überproportional im negativen Zusammenhang geschrieben, da unter ihnen weniger ‚interessante' bzw. ‚relevante' Nation sind und sie darum nur im Falle eines Konflikts oder einer Katastrophe interessant für die Medien werden (vgl. Sreberny-Mohammadi 1985: 52). Wie oben bereits erwähnt, wird in der vorliegenden Arbeit Negativzentrierung nicht mit dem Merkmal Krisenzentrierung gleichgesetzt.

Empirische Studien bestätigen die Bedeutung des Merkmals. Hafez stellt in der Nahostberichterstattung Negativismuswerte von mehr als 50 Prozent fest. Einzelne Themen seien dabei unterschiedlich negativ belastet (vgl. Hafez 2002b: 296). Nafroth ermittelt in ihrer Japanstudie ab Mitte der 1990er Jahre eine Tendenz zur Negativbewertung Japans (vgl. Nafroth 2002: 245). In Bezug auf China heben Studien hervor, von China werde das Negativbild eines aggressiven, totalitären Chinas kommuniziert (vgl. Behrens 1978: 268) bzw. dass eine grundsätzliche Tendenz zu einer kritisch-negativen Berichterstattung vorliege (vgl. zum Beispiel Richter/ Gebauer 2010: 11; Peuckmann 2009: 106 ff.).

Die Vergleichbarkeit der Studien ist jedoch schwierig, da Negativberichterstattung auf sehr unterschiedliche Weise definiert und untersucht wird. In Hafez'

Nahoststudie vermischen sich Negativberichterstattung und Konfliktperspektive. Vermutlich basieren die Ergebnisse auf der Kategorie ‚Thematisierung', durch die der Anteil der Konfliktthemen gemessen wird (vgl. Hafez 2002b: 53 ff.), und auf der Kategorie ‚Ereignisvalenz', durch die die Bewertung von Ereignissen als positiv, negativ, negativ-neutral oder neutral festgestellt wird (vgl. ebd: 59 ff.). Nafroth schließt auf das Negativ-Image Japans durch Kategorien wie ‚Vermittlungsanlass', ‚Bewertung Japans', ‚Sprachliche Ausdrücke' und ‚Ziel des Artikels'. Die Operationalisierung ist hier also relativ komplex (vgl. Nafroth 2002: 85 ff.). Bei Behrens bleibt die Vorgehensweise aufgrund eines fehlenden Kategoriensystems unklar. Vach orientiert sich an der Bewertung von Themen und Akteuren (vgl. Vach 2008: 59 ff.).

In der vorliegenden Arbeit soll eine Vermischung der Merkmale Krisenzentrierung und Negativzentrierung vermieden werden, ohne dabei außer Acht zu lassen, dass Krisen selbstverständlich Teil von Negativberichterstattung sein können. So wird hier zum einen auf Negativzentrierung geschlossen, wenn die Mehrzahl der erwähnten Krisen negativ dargestellt werden (zum Beispiel in Form von Gewalt, Streit oder den Abbruch von diplomatischen Beziehungen) im Gegensatz zu positiv dargestellten Krisen (zum Beispiel in Form von Friedensbemühungen, Dialogen zwischen streitenden Parteien). Zum anderen wird, angesichts der Komplexität dieses Merkmals, in Anlehnung an Nafroths Vorgehensweise (vgl. Nafroth 2002: IX) erhoben, wie China als Akteur bewertet wird. Zudem wird überprüft, wie viele chinakritische Themen vorkommen.

Daraus ergibt sich folgende Definition: *Das Auslandsberichterstattungsmerkmal* Negativzentrierung *liegt vor, wenn Krisen öfter im negativen als im positiven Zusammenhang dargestellt werden, der Akteur China mehrheitlich negativ bewertet wird und übermäßig viele chinakritische Themen vorkommen.*

Zusammenfassend lässt sich feststellen, dass sich die Literatur bisher wiederholt auf bestimmte Merkmale von Auslandsberichterstattung bezieht und diese auch in empirischen Studien thematisiert. Diese Merkmale wurden in diesem Kapitel systematisch zu einem Katalog von acht zentralen Merkmalen von Auslandsberichterstattungsinhalten zusammengestellt, mittels derer Auslandsberichterstattung bei studienübergreifender Anwendung auf vergleichbarer Basis untersucht werden könnte.

Entsprechend wird die für diese Arbeit gültige Definition von Auslandsberichterstattung präzisiert: *Unter* Auslandsberichterstattung *werden Inhalte und Prozesse journalistischer Berichterstattung in klassischen Massenmedien über Sachverhalte jenseits des Heimatstaates verstanden. Es handelt sich um eine Form der nationale und kulturelle Grenzen überschreitenden Kommunikation, die von heimischen Medien ausgeht, welche die Informationen aus dem Ausland für das heimische Publikum aufbereiten. Der Inhalt von Auslandsberichterstattung ist gekennzeichnet durch eine Eingeschränkte Quellenlage, Nationalisierte Perspektive, Regionalismus, Krisenzentrierung, Politikzentrierung, Elitenzentrierung, Vernachlässigung des Kontextes sowie Negativzentrierung.*

Die Chinaberichterstattung 2008 soll anhand dieser acht Merkmale untersucht werden. Es wird davon ausgegangen, dass die Ausprägungen je nach Ereignistyp, Ereignisphase und Medium unterschiedlich sind. Im folgenden Kapitel soll auf den zweiten theoretischen Schwerpunkt, auf die Ereignisberichterstattung eingegangen werden.

4 Ereignisberichterstattung

Mithilfe von drei ereignistheoretischen Modellen und den darin dargestellten Ereignistypen werden im Folgenden die drei China-Ereignisse theoretisch eingeordnet. Auch soll gezeigt werden, wie unterschiedlich bisher je nach Theorieansatz an verschiedene Ereignistypen herangegangen wird[33]. Erläutert wird ein kommunikationswissenschaftliches Modell von Hans Mathias Kepplinger (2001), ein ritualtheoretisches Konzept von Daniel Dayan und Elihu Katz (1992 und 2008) sowie von Stephan A. Weichert eine ritualtheoretische Modifikation des Konzepts von Dayan/Katz (2008). An vierter Stelle wird das Themenzykluskonzept von Steffen Kolb (2005) vorgestellt, das die methodische Grundlage für die Einteilung der Ereignisse in vergleichbare Phasen liefert. Im Anschluss folgt auf Basis der vorgestellten Ansätze eine Systematisierung der hier im Fokus stehenden China-Ereignisse.

In Anlehnung an Kepplinger (vgl. Kepplinger 2001: 119) gilt folgende Definition des Begriffs ‚Ereignis': Ereignisse *sind zeitlich und räumlich begrenzte Geschehnisse. Sie besitzen folglich einen erkennbaren Anfang und ein absehbares Ende.* In Anlehnung an Kolb (vgl. Kolb 2005: 45) gilt für den Begriff ‚Ereignisphase' folgende Definition: *Eine* Ereignisphase *ist ein auf Basis von sinnvollen und vergleichbaren Kriterien eingeteilter Zeitabschnitt innerhalb eines Ereignisses.*

4.1 Kepplinger (2001): Genuines, Mediatisiertes und Inszeniertes Ereignis

Hans Mathias Kepplinger unterscheidet in seinem Konzept[34] drei Ereignistypen: *Genuine Ereignisse* werden definiert als „Geschehnisse, die unabhängig von der Berichterstattung geschehen". Als Beispiele können hier die China-Ereignisse Tibetkonflikt und Sichuan-Erdbeben genannt werden. *Mediatisierte Ereignisse* seien „Geschehnisse, die zwar vermutlich auch ohne die zu erwartende Berichterstattung geschehen wären, wegen ihr aber einen spezifischen, mediengerechten Charakter erhalten". Ein Beispiel dafür ist das China-Ereignis Olympische Spiele 2008, das heutzutage ohne Medien nicht vorstellbar wäre, theoretisch aber ohne sie stattfinden

[33] Für einen Überblick über weitere Ereigniskonzepte vgl. Weichert 2006: 145 ff. und156, Tab. 5.1.

[34] Kepplinger hat zur Veranschaulichung seines Konzepts eine Inhaltsanalyse der Deutschlandberichterstattung der *FAZ*, *SZ* und der *Welt* im Zeitraum 1951 bis 1995 durchgeführt. Analysiert wird die Tiefenschärfe der Berichterstattung, die festgestellt wird an dem Anteil von Folgeereignissen und daran, inwiefern über die Ursachen von Ereignissen berichtet wird (für das genaue Untersuchungsdesign und Ergebnisse vgl. Kepplinger 2001: 128 ff.).

könnte. Bei *Inszenierten Ereignissen* liege eine starke Abhängigkeit von Medien vor, da es sich um Geschehnisse handele, „die eigens zum Zwecke der Berichterstattung herbeigeführt werden und folglich ohne die Erwartung der Berichterstattung nicht geschehen würden". Als Beispiele sind Pressekonferenzen angeführt, aber auch Demonstrationen, Streiks und Terroranschläge (vgl. Kepplinger 2001: 126).

Zudem unterscheidet Kepplinger zwischen verschiedenen Publizistischen Funktionen eines Ereignisses (vgl. ebd: 121 ff.), aufgrund derer die Berichterstattung über ein Geschehnis sehr unterschiedlich ausfallen könne. Grundsätzlich liege das an der unterschiedlichen Tiefenschärfe der Medienberichterstattung (vgl. ebd: 123 f.). Jedes Ereignis sei bloß Teil eines endlosen Ereignisnetzes, wobei die Medien oft nur über einen Teil, den zentralen Ereignisstrang, berichten würden. Je länger der dargestellte Strang sei, desto tiefenschärfer die Berichterstattung. Geprüft werden müsse demnach also, ob bloß punktuell über ein Auslöseereignis berichtet werde, oder auch über vorher und nachher Geschehenes. Folgende Publizistische Funktionen sind für die vorliegende Arbeit interessant:

Das *Auslöseereignis* (vgl. ebd: 121 f.) lenke laut Kepplinger die mediale Aufmerksam erstmals auf ein bestimmtes Geschehen. Es stehe nicht wirklich am Anfang einer Ereigniskette, aufgrund des ausschnitthaften Blicks der Medien auf ein Geschehen scheine es aber so. Es lenke auch den Blick auf vorher und nachher Geschehenes. Als Beispiel bieten sich hier beim Tibetkonflikt 2008 die Demonstrationen am Jahrestag der tibetischen Unabhängigkeit (10. März 2008) an. Vor diesem Geschehnis liegt bereits eine jahrzehntelange Ereigniskette an tibetischen Protesten. Da dieser Strang aber nicht im Medienfokus stand, scheint sich der 10. März am Anfang der Ereigniskette zu befinden. Das *Folgeereignis* (vgl. ebd: 122) werde direkt vom Auslöseereignis verursacht. Nicht jedes werde von den Medien dargestellt; von manchen erfahre der Rezipient nie. Als Beispiel bietet sich hier beim Sichuan-Erdbeben der Skandal um mangelhaft gebaute Schulen an, in deren Ruinen unzählige Kinder starben. Erst durch die Erdbebenkatastrophe wird dies zu einem Medienthema.

Das *Schlüsselereignis* (vgl. ebd: 123) gehört zu den Publizistischen Funktionen, die laut Kepplinger die eingespielten Routinen der Berichterstattung außer Kraft setzen oder Routinen zur Steuerung von Ausnahmefällen auslösen würden. Es fokussiere Aufmerksamkeit auf ein außergewöhnliches Geschehen und sei Gegenstand einer sehr intensiven Berichterstattung. Ein Beispiel ist das Erdbeben in Sichuan am 12. Mai 2008 an. Durch Schlüsselereignisse wachse der Informationsbedarf so sehr, dass auch über Ähnliche Ereignisse und Thematisch verwandte Ereignisse berichtet werde, die ohne das Schlüsselereignis nicht in den Medien aufgetaucht wären. *Ähnliche Ereignisse* (vgl. ebd: 123) gehören laut Kepplinger derselben Ereignisklasse an wie das Schlüsselereignis. Ein Beispiel wäre hier im Rahmen der Sichuan-Berichterstattung der Verweis auf ähnliche Katastrophen bzw. Erdbeben. *Thematisch verwandte Ereignisse* seien thematisch mit Schlüsselereignissen verbunden, würden aber nicht der gleichen Ereignisklasse angehören. Als Beispiel nennt Kepplinger „Forderungen nach Hilfsmaßnahmen anlässlich von Erdbeben" (ebd: 123).

Auf Basis von Kepplingers Ereigniskonzept lassen sich die hier untersuchten China-Geschehnisse also in unterschiedliche Ereignistypen einteilen und einzelnen Aspekten verschiedene Publizistische Funktionen zuordnen.

4.2 Dayan und Katz (1992 und 2008): Ritualisiertes Medienereignis

Daniel Dayan und Elihu Katz gelten mit *Media Events. The Live Broadcasting Of History* (1992) als zentrale Vertreter einer Medienereignistheorie, auf deren Basis rituell inszenierte Medienereignisse im Fernsehen[35] analysiert werden, zum Beispiel Krönungen, Begräbnisse von Staatsoberhäuptern oder die erste Mondlandung[36]. Unterschieden werden zwei Ereignistypen:

Nachrichtenereignisse (*news events*): Im Gegensatz zu Medienereignissen seien Nachrichtenereignisse oft nicht vorgeplant und wirkten unruhestiftend, bei einer drastisch zurechtgeschnittenen Länge und einem erhöhten Berichterstattungstempo. Zwar treffe auf Nachrichtenereignisse ein Teil der Medienereignisdefinition zu. Das reiche aber nicht aus, da alle Kriterien erfüllt sein müssten (vgl. Dayan/Katz 1996: 9 ff.). Beispiele für Nachrichtenereignisse sind die China-Ereignisse Tibetkonflikt und Sichuan-Erdbeben, da diese, im Gegensatz zu einem Medienereignis, weder geplant noch lange angekündigt oder einstudiert sind.

Medienereignisse (*media events*): In der Medienereignis-Berichterstattung würden Ereignisse narrativ verdichtet, rituell dargestellt und ihnen eine symbolische Bedeutung zugeschrieben werden (vgl. Weichert 2006: 178). Ein Medienereignis sei detailliert geplant, angekündigt und einstudiert, unterbreche das normale Fernsehprogramm und das Alltagsleben, erwirke eine mediale Monopolisierung, werde live von einem Ort außerhalb der Medien übertragen, wobei die Medien keinen Einfluss auf das Ereignis hätten (vgl. Dayan/Katz 1996: 10 ff.). Es habe eine historische Bedeutung, die ehrfurchtsvoll in Form symbolischer Handlungen, die zentrale gesellschaftliche Werte beinhalteten, transportiert werde. Dadurch stelle sich eine Einheit zwischen Teilnehmern und Publikum her. Die Darstellung erfolge auf versöhnlicher, nicht auf konfliktorientierter Basis (vgl. ebd: 12) Ein Medienereignis ziehe zudem eine sehr große Anzahl von TV-Zuschauern an, die sich auf das Fernsehereignis einstellen, indem sie ihm Platz in ihrem Alltag einräumen, Termine absagen würden etc.

---

[35] Trotz ihres Fernsehbezugs ist die Medienereignistheorie von Dayan/Katz auch für die vorliegende Arbeit interessant, da sich die Theorie laut Ulrike Klein (1996) auch auf die Presse beziehen lasse. Klein untersucht in ihrer Studie die Presseberichterstattung des internationalen Medienereignisse D-Day. Dabei stellt sie die von Dayan/Katz als marginal bezeichnete Rolle der Presse in Bezug auf Medienereignisse in Frage: „Die Presse läßt sich im Rahmen von Medienereignissen nicht auf die Rolle des Vor- und Nachdenkers beschränken. Es gibt Indizien für die Existenz von ‚Print-Medienereignissen'." (Klein 1996: 54). Bis auf den Live-Charakter würden Presse-Medienereignisse laut Klein dieselben Eigenschaften aufweisen wie TV-Medienereignisse (vgl. ebd: 98 ff.).

[36] Für einen Überblick über das Medienereigniskonzept von Dayan/Katz vgl. Weichert 2006: 176 ff; Klein 1996: 41 ff.)

Das Publikum sei dadurch emotional involviert (vgl. Weichert 2006: 185 ff.; Dayan/Katz 1996: 12 f.)[37].

Dayan/Katz unterscheiden für ein Medienereignis drei *scripts* bzw. Erzählmöglichkeiten (vgl. Dayan/Katz 1996: 26; Weichert 2006: 188 ff. und 190, Tabelle 6.2): Mit *Conquest* (*Eroberung*) sind einmalige, heldenhafte menschliche Errungenschaften gemeint, wie zum Beispiel die erste Mondlandung. Der Begriff *Coronation* (*Krönung*) beinhaltet tatsächliche Krönungen, aber auch Hochzeiten, Beerdigungen, Staatsbesuche oder Gedenkfeiertage. Beim *Contest* (*Wettkampf*) handele es sich um einen wiederkehrenden, realen oder spielerischen Wettkampf, der von Regeln bestimmt und dabei von einem riesigen Publikum verfolgt werde, wie zum Beispiel eine Fußball-WM, aber auch Präsidentschaftswahlen, Schönheitswettbewerbe, Quizshows und Justizprozesse.

Als Beispiel für ein Medienereignis lässt sich das China-Ereignis Olympische Spiele 2008 heranziehen. Es ist detailliert geplant und einstudiert, unterbricht den Medien- und persönlichen Alltag, nimmt eine Quasi-Monopolstellung in der Berichterstattung ein, hat außermedialen Charakter, wird in Form symbolischer Handlungen dargestellt (der Fackellauf, die Eröffnungszeremonie), wodurch eine Einheit zwischen Teilnehmern und Publikum entsteht, und zieht weltweit sehr viele TV-Zuschauer an. Allerdings werde über die Olympischen Spiele heutzutage weniger versöhnlich, eher konfliktorientierter berichtet, wie Dayan wie folgt in seiner Modifikation der Medienereignistheorie feststellt.

2008 erklärt Dayan angesichts der Olympischen Spiele die Medienereignistheorie von 1992 als veraltet. Heute würden für die Medienereignisberichterstattung andere Bedingungen und andere Merkmale gelten als vor 16 Jahren (vgl. Dayan 2008: 393): In heutigen Medienereignissen würden Konflikte betont und Feindseligkeiten geschürt, nicht auf Versöhnung bzw. schlichtende Konfliktreduktion geachtet werden (*Konfliktualisierung*). Es werde über so viele konkurrierende Ereignisse berichtet, dass Medienereignisse ihren Monopolcharakter verloren hätten. Gleichzeitig seien Nachrichtenereignisse Medienereignissen immer ähnlicher und könnten sich sogar unbemerkt in ein Ritualisiertes Medienereignis verwandeln (*Banalisierung*). Medienereignisse hätten ihre festliche Bedeutung verloren und würden viel nüchterner wahrgenommen (*Ernüchterung*). Laut Dayan liege das daran, dass diese nun individualisiert rezipiert würden, nicht mehr mit vielen Menschen gemeinsam. Zudem würden Rezipienten die Ereignisinterpretation immer stärker selbst bestimmen;

[37] Die hier aufgezählten Merkmale eines Medienereignisse (*preplanned*, *interruptions*, *monopolistic*, *live*, *remote*, *reverence and ceremony*, *message of reconciliation*, *eletrify large audiences*) werden bei Dayan/Katz nach grammatischen Ebenen strukturiert: auf der Syntaxebene (Programmebene/‚Satzbau'), semantischen Ebene (Außermediales Geschehen/‚sprachliche Bedeutung') sowie pragmatischen Ebene (Publikumsebene/'Interpretation der sprachlichen Zeichen durch Menschen') (vgl. Weichert 2006: 185 ff.).

Organisatoren und Medien hätten ihre alleinige Deutungsmacht[38] über das Ereignis verloren (vgl. ebd: 395 ff.).

Insgesamt wird durch das Konzept von Dayan/Katz deutlich, von welchen Faktoren das China-Ereignis Olympische Spiele geprägt ist. Es unterscheidet sich aufgrund seines Inszenierungsgrads stark vom Tibetkonflikt und vom Sichuan-Erdbeben, auch wenn Dayan 2008 eine Annäherung zwischen Medien- und Nachrichtenereignissen festgestellt hat.

4.3 Weichert (2006): Ritualisiertes Medienereignis vom Typ Krise

Stephan A. Weichert untersucht in *Die Krise als Medienereignis* (2006) am Beispiel der Terroranschläge des 11. September 2001, wie ein außergewöhnliches Krisenereignis im deutschen Fernsehen dargestellt wird und inwiefern es dabei zu einer Ritualisierung[39] kommt (vgl. Weichert 2006: 39 ff.). Seine Ritualtheorie mediatisierter Krisenereignisse entwickelt Weichert auf Basis der Medienereignistheorie von Dayan/Katz (1992; vgl. ebd: 176 ff.).

Laut Weichert können auch Krisenereignisse wie Naturkatastrophen, Unfälle oder Terroranschläge Charakteristika ritueller Medienereignisse aufweisen, mit Ausnahme des Merkmals Planbarkeit und Erwartbarkeit (vgl. ebd: 233 ff.). Weichert fügt also den Medienereignistypen Contest, Conquest und Coronation einen vierten Typ hinzu: *das Rituelle Medienereignis vom Typ Krise* (vgl. ebd: 266). Ein Krisen-Medienereignis erfolge einmalig und überraschend sowie zu einem nicht festgelegten Zeitpunkt oder Ort. Die Dramaturgie der Berichterstattung drehe sich um die Frage, ob und zu welchem Preis die Krise bewältigt werden und was danach passieren könnte. Das Fernsehen übernehme eine aufklärerische und parteiische Rolle, das Publikum hingegen zunächst die des überwältigten Zeugen, später bewerte und beurteile es das Ereignis in einer richterlichen bzw. patriotischen Rolle. Als Beispiele gibt Weichert unter anderem das Attentat auf John F. Kennedy, das Tschernobyl-Unglück, den Unfalltod von Prinzessin Diana sowie die Tsunami-Katastrophe an (vgl. ebd: 191, Tabelle 6.2).

Um zu untersuchen, inwiefern die Rituelle Medienereignistheorie tatsächlich auch auf Krisenereignisse zutrifft, führt Weichert eine quantitative und qualitative

---

[38] Laut Dayan hätten viele Akteure um die Deutungsmacht der Olympischen Spiele 2008 gerungen, was dessen Versöhnungscharakter gefährdet habe: „For the IOC, international power consists in brokering such attention. For political publics, the Olympics provide an opportunity of harressing that attention to the benefit of neglected agendas. For national organizers, the Games offer the prospect of a rite de passage into a certain ‘elite' of nations. For advertisers, this attention is available in serendipitous quantities. For spectators they are a spectacle or entertainment." (Dayan 2008: 400)

[39] Mit Ritualisierung meint Weichert, dass Medien in ihrer Berichterstattung durch Ritualisierungsmuster, Routinebildungen und Regelhaftigkeiten eine symbolische Sinnwelt schaffen würden, um Chaos, Unübersichtlichkeit und Beliebigkeit durch Ordnung, Orientierung und Verbindlichkeit zu ersetzen (vgl. Weichert 2006: 62)

Programm- und Fernsehanalyse der Sender ARD, ZDF, SAT.1 und RTL in Bezug auf den 11. September durch. Weichert kommt dabei zu dem Ergebnis, dass die deutsche TV-Berichterstattung über das Geschehnis tatsächlich Ritualisierungsmerkmale aufweise, was seine These bestätigt, dass auch Krisen zu den Ritualisierten Medienereignissen gezählt werden können (für die Ergebnisdarstellung vgl. ebd: 270 ff.).

Der von Weichert entwickelte Ereignistyp ist für die vorliegende Arbeit insofern interessant, als dass das China-Ereignis Sichuan-Erdbeben zu den oben aufgeführten Merkmalen und Beispielen zu passen scheint. Es handelt sich um eine einmalige Naturkatastrophe, die unerwartet am 12. Mai 2008 in Sichuan und umliegenden Provinzen erfolgt ist. Eine erste Durchsicht des Untersuchungsmaterials zu dem Ereignis lässt im Subtext tatsächlich die dramaturgische Frage vermuten, wie es China schaffen würde, diese Krise zu bewältigen, nachdem es sich im Winter bereits mit Schneechaos, im Frühjahr mit dem Tibetkonflikt hatte auseinandersetzen müssen.

4.4 Kolb (2005): Themenzykluskonzept

Die Chinaberichterstattung, so wird in der vorliegenden Arbeit angenommen, unterscheidet sich nicht nur je nach Ereignis, sondern auch je nach Ereignisphase. Die theoretische Grundlage dazu liefert Steffen Kolb in *Mediale Thematisierung in Zyklen. Theoretischer Entwurf und empirische Anwendung* (2005). Auf Basis eines Vergleichs von Lebenszykluskonzepten in benachbarten Wissenschaftsdisziplinen (vgl. Kolb 2005: 48 ff.) hat Kolb einen Ansatz für den kommunikationswissenschaftlichen Bereich entwickelt. Lebenszyklen werden dabei verstanden als dynamische Verläufe mit einem Anfangs- und Endpunkt und wiederkehrenden Hauptmerkmalen, die aber im Gegensatz zu kreisförmigen und wellenartigen Zyklustypen (wie zum Beispiel bei der analogen Uhr und bei Sinuswellen) keine völlig identische Wiederholung aufweisen würden und auch unterbrochen werden könnten (vgl. ebd: 46 f.). Damit ließe sich das Lebenszykluskonzept auf die mediale Thematisierung anwenden, die ebenfalls als Merkmale Anfang und Ende sowie die Wiederholung aufweise, wobei die Thematisierungen nicht identisch verliefen, sondern unterschiedlich intensiv, mit Überlagerungen und Unterbrechungen.

In der Kommunikationswissenschaft gebe es bezüglich der Analyse von Themendynamiken große Forschungslücken (vgl. ebd: 20), sowohl auf theoretischer als auch auf empirischer Ebene. Im Vergleich zu den wirtschaftswissenschaftlichen Ansätzen weise die Kommunikationswissenschaft bei der Betrachtung von Lebenszyklen den Mangel auf, dass die Untersuchungen auf unterschiedlichen Aggregationsniveaus basierten, weswegen kein Vergleich der Zyklen möglich sei (vgl. ebd: 62). Vergleichbarkeit werde erst dann hergestellt, wenn man einen Themenverlauf nach sinnvollen und vergleichbaren Kriterien in Zeitabschnitte unterteile. Diese ‚Einzelfälle' bzw. Phasen seien dann einzeln analysierbar und vergleichbar, demensprechend sei es auch der gesamte Themenzyklus (vgl. ebd: 45). Im Folgenden soll ein kurzer Überblick über Kolbs Methode der Grafischen Themenzyklusanalyse zur Phaseneinteilung gegeben werden; eine detaillierte praxisorientierte Anleitung zur Durchführung folgt im Methodenteil (vgl. Kapitel 6.3.2).

Um Phasen zu ermitteln, setzt Kolb die Faktoren Zeit und Berichterstattungsumfang miteinander in Relation, wobei die Zeit die unabhängige Variable darstellt, die in Intervalle unterteilt wird. Diese Aggregation des Faktors Zeit ist bedeutend für die Vergleichbarkeit verschiedener Themenverläufe. Den Berichterstattungsumfang als abhängige Variable ermittelt Kolb durch die Anzahl der Artikel und durch deren Umfang (vgl. ebd: 159 f.). Die beiden Variablen werden in ein Koordinatensystem übertragen: der Berichterstattungsumfang (y-Achse) pro Zeitintervall (x-Achse). Durch die Verbindung der Messwerte ergibt sich ein Graph mit unregelmäßigen Ausschlägen, der den Themenverlauf wiedergibt (vgl. ebd: 138 ff.). Der Graph weist Extremwerte auf (Maxima und Wendepunkte), an denen sich die Phasengrenzen orientieren (ebd: 80 ff. und 175 ff.). Kolb entwickelt theoretisch einen zweigipfligen Idealtypus eines Themenverlaufs, bestehend aus fünf Phasen (vgl. ebd: 183 und 284; vgl. Abbildung 2):

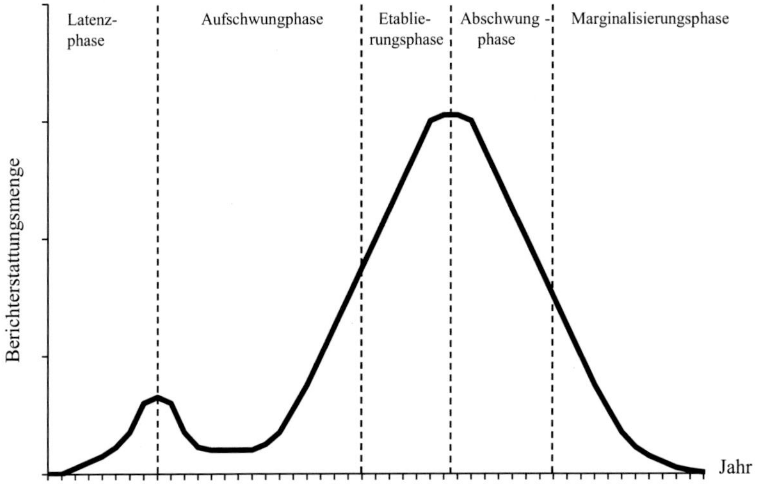

Abbildung 2: Idealtypischer Themenzyklus mit fünf Phasen (Quelle: Kolb 2006: 183, Abbildung 6-10 und 284, Abbildung 8-14)

Diese Phasen weisen laut Kolb folgende Merkmale auf (vgl. ebd: 80 ff.):

Phase 1 (*Latenzphase*) sei gekennzeichnet durch einen geringen, aber ansteigenden Berichterstattungsumfang. Das Thema werde eingeführt und inhaltlich umrissen. Es gehe um den wissenschaftlichen Austausch und die Problemerkennung. In Phase 2 (*Aufschwungphase*) steige der Berichterstattungsumfang dann immer schneller an. Das Thema gewinne für die Medien an Bedeutung, da sich immer mehr Akteure daran beteiligen würden. Es erfolge die wissenschaftliche Definition des Problems, es sei gesellschaftlich, nicht mehr allein wissenschaftlich relevant, und es würden Meinungsbildungsprozesse öffentlicher Akteure beginnen. In Phase 3 (*Etablierungsphase*) steige der Berichterstattungsumfang sehr schnell an und finde schließlich seinen Höhepunkt, wenn am Ende der Phase eine (gegebenenfalls vorgeschobene) Lösung der im Thema enthaltenden Problematik gefunden bzw. eine (politische) Entscheidung gefällt werde. Zentrale Aspekte dieser Phase seien die gesellschaftliche Etablierung des Themas, die Definition der Hauptursache(n) des Problems sowie die Vereinnahmung des Themas durch politische Akteure. In Phase 4 (*Abschwungphase*) verringere sich der Berichterstattungsumfang stark, da nach der Problemlösung das mediale Interesse sinke, so dass in der Abschwungphase nur noch über die Umsetzung der Lösung berichtet werde. In Phase 5 (*Marginalisierungsphase*) kämen schließlich kaum noch Berichte über das Thema vor; es sei so gut wie von der medialen Themenagenda verschwunden.

Zur empirischen Überprüfung seines Konzepts führt Kolb eine international vergleichende Fallstudie zur Medienberichterstattung der deutschen, französischen und britischen überregionalen Presse[40] zum Thema ‚Umweltgefahren durch verbleites Benzin' durch (vgl. ebd: 24 f). Im ersten Schritt erstellt er eine Grafische Themenzyklusanalyse, im zweiten untersucht er inhaltliche Faktoren per Inhaltsanalyse (vgl. ebd: 44). Das Ergebnis zeige, dass sich das theoretisch entwickelte Themenzykluskonzept empirisch umsetzen und verallgemeinern lasse, da bei drei nationalen Zyklen ähnliche Verläufe[41] festzustellen seien (vgl. ebd: 302). In der vorliegenden Arbeit wird allerdings aus Kolbs Themenzykluskonzept allein die oben vorgestellte Methode der Phaseneinteilung angewendet.

Deutlich werde, so Kolb, dass das Themenzyklusmodell Flexibilität aufweisen müsse (vgl. ebd: 94 ff.): Je nach Medium könne es zu Abweichungen kommen. Wie viele Extremwerte der Graph aufweise, wie der Themenzyklus genau verlaufe, sei je nach Ereignis bzw. Thema verschieden. Nicht jeder Zyklus könne dem theoretischen Idealtypus entsprechen. So stellt sich in Kolbs empirischer Analyse heraus, dass bei manchen Verläufen eine zusätzliche Schlüsselereignisphase integriert werden muss[42]

[40] Zu den untersuchten deutschen Medien gehören die überregionalen Zeitungen *FAZ*, *SZ* und *Bild* sowie das wöchentlich erscheinende Nachrichtenmagazin *Der Spiegel* aus dem Untersuchungszeitraum 1965 bis 2002 (vgl. Kolb 2005: 130 ff.).

[41] Unterschiede gibt es allerdings inhaltlich: Die Ergebnisse der Inhaltsanalyse zeigen, dass sich das Thema im deutschen Themenzyklus von einem wissenschaftlich dominierten zu einem politischen Thema entwickelt, während es in Frankreich genau umgekehrt ist. In der britischen Berichterstattung hingegen sind offenbar vor allem die Themenbereiche Wirtschaft und Politik bedeutend (für die Ergebnisdarstellung vgl. Kolb 2005: 167 ff.).

[42] Aus pragmatischen Gründen werden in der vorliegenden Arbeit Schlüsselereignisphasen nicht berücksichtigt und sich ausschließlich an den ursprünglich fünf Ereignisphasen orientiert.

(vgl. ebd: 183, Abbildung 6-10), bei anderen wiederum nicht (vgl. ebd: 284, Abbildung 8-14). Als weitere Schwierigkeit stellt Kolb fest, dass die Bestimmung eines Endpunkts der Berichterstattung problematisch sei, da das Thema zum Beispiel zu Jahrestagen wieder aufgegriffen werden könne (vgl. ebd: 183). In der vorliegenden Arbeit wird aber aus forschungsökonomischen Gründen ein Ende des zu untersuchenden Zeitraums im Vorhinein festgelegt, so dass dieses Problem nicht auftaucht.

Zusammenfassend wird deutlich, dass sich Kolbs Methode der Grafischen Themenzyklusanalyse für die Phasenunterteilung der drei China-Ereignisse eignet. Allerdings liegen grundsätzliche Unterschiede vor: Bei Kolb wird mit ‚Umweltgefahren durch verbleites Benzin' ein wissenschaftliches Thema über mehrere Jahrzehnte hinweg untersucht, während es in der vorliegenden Arbeit um drei mehrwöchige Ereignisse in einem einzigen Jahr geht, bei denen es sich zudem nicht um wissenschaftliche Themen handelt. Auch kann aus forschungsökonomischen Gründen nicht jeweils der komplette Themenverlauf eines Ereignisses abgedeckt werden. Durch feste Untersuchungszeiträume wird ein ‚künstlicher' Beginn bzw. eine ‚künstliches' Ende bestimmt.

4.5 Theoretische Einordnung der drei China-Ereignisse

Zum Abschluss des Kapitels erfolgt eine Charakterisierung der drei China-Ereignisse auf Basis der oben erläuterten Ereignistypologien (vgl. Tabelle 1):

Tabelle 1: Einordnung der China-Ereignisse je nach Ereignistypologie

Ereignis	In der ‚Realität'	Kepplinger	Dayan/Katz	Weichert
Tibetkonflikt 2008	Politischer Konflikt	Genuines Ereignis	Nachrichten-ereignis	-
Sichuan-Erdbeben 2008	Natur-katastrophe	Genuines Ereignis	Nachrichten-ereignis	Medienereignis vom Typ Krise
Olympische Spiele 2008	Internationales Sportereignis	Mediatisiertes Ereignis	Medienereignis vom Typ Con-test	-

Zwar handelt es sich hierbei lediglich um eine theoretisch angenommene Zuordnung. Dennoch wird deutlich, dass ereignistheoretisch sehr unterschiedliche Ansätze zur Typologisierung von in Medien dargestellten Geschehnissen existieren und die hier untersuchten China-Ereignisse entsprechend unterschiedlichen Ereignistypen zugeordnet werden können.

Eine Vergleichbarkeit der China-Ereignisse unter Berücksichtigung aller Aspekte ist nicht möglich, da bisher kein Konzept vorliegt, das alle Ereignistypen integriert. Auch bei Kolbs Themenzykluskonzept ist fraglich, ob es sich auf alle Ereignistypen wie zum Beispiel plötzlich einsetzende Krisenereignisse anwenden lässt oder doch bloß auf wissenschaftlich generierte Themen. Wenn schon innerhalb eines wissenschaftlichen Themas, wie es Kolb untersucht hat, so unterschiedliche Dynamiken auftauchen, könnte sich die Verschiedenartigkeit bei sehr gegensätzlichen Ereignissen noch verstärken.

Allein die Unterschiedlichkeit der theoretischen Konzepte je nach Ereignis weist daraufhin, dass jedes Ereignis eigene Rahmenbedingungen und Anforderungen der Interpretation mit sich bringt. Wahrscheinlich ist, dass Ereignisse je nach Typ auch von Journalisten spezifisch behandelt werden. Um das zu überprüfen, wurden für die vorliegende Inhaltsanalyse sehr unterschiedliche China-Ereignisse ausgewählt. Um welche Ereignisse es sich genau handelt, wird im folgenden Kapitel dargestellt.

5 Drei China-Ereignisse 2008

5.1 Politischer Konflikt: Tibet-Konflikt 2008

Die rund 4,6 Millionen Mitglieder zählende Volksgruppe der Tibeter (Zang) ist eine der offiziellen 55 nationalen Minderheiten der VR China (vgl. Heberer 2008a: 527). Ein Großteil der Tibeter lebt in dem 1965 gegründeten Autonomen Gebiet Tibet (AGT)[43] mit der Hauptstadt Lhasa, weitere in den benachbarten Provinzen Qinghai, Gansu, Sichuan und Yunnan. Das AGT ist der Rechtsnachfolger des einstigen bis 1951 selbstständigen Tibets. Ab 1723 wurde es durch das chinesische Kaiserreich, die als Schutzmacht von Tibet anerkannt war, vor drohenden mongolischen Invasionen bewahrt. China hatte daher seitdem die Kontrolle über Tibet. Nach dem Zusammenbruch der letzten chinesischen Kaiserdynastie 1911 und der Gründung der Republik China 1912 erklärte Tibet seine Unabhängigkeit. Diese wurde aber weder von China noch von anderen Staaten anerkannt, so dass Tibets völkerrechtlicher Status ungeklärt blieb. Mit dem Einmarsch der Chinesen 1950 wurde Tibet gewaltsam in die 1949 gegründete VR China eingegliedert[44] (vgl. Hoppe/Ramble 2008: 760 ff.).

Zwischen der tibetischen Minderheit und der chinesischen Regierung herrschen seitdem starke Spannungen[45], die 1959 in Form eines tibetischen Aufstands gegen

---

[43] In den insgesamt fünf Autonomen Gebieten Chinas leben große Gemeinschaften nationaler Minderheiten, die auch in den Verwaltungen vertreten sind. Die Gebiete verwalten sich selbst, unterstehen aber letztendlich der Zentralregierung (vgl. Mackerras 2008: 66)

[44] Laut Thomas Heberer ist unklar, ob die chinesische Invasion gerechtfertigt gewesen sei: „Nach den Normen des heutigen Völkerrechts war die Ausdehnung der chinesischen Macht auf Tibet eindeutig eine Okkupation. Nach chinesischem Rechtsverständnis dagegen handelte es sich um die Wiederherstellung legitimer Rechte, die China lediglich aufgrund zeitweiliger Schwäche und Zerrissenheit nicht hatte ausüben können. Peking hatte demnach nichts anderes getan, als einem lange missachteten Rechtsprinzip wieder Geltung zu verschaffen." (Heberer 2008b: 206)

[45] Der Widerstand der Tibeter richtet sich gegen die wachsende Zuwanderung der chinesischen Han-Majorität nach Tibet, den kulturellen Assimilierungsdruck und die Ausbeutung der regionalen Ressourcen (vgl. Jarke 2008: 1; Heberer 2008b: 204 f.). Da die Identität der Tibeter religiös geprägt ist, formiert sich der Widerstand vor allem in den buddhistischen Klöstern (vgl. Heberer 2008b: 207). Während der Dalai Lama und die ältere Generation der Tibeter bloß eine kulturelle Autonomie Tibets und mehr Selbstverwaltungsrechte anstreben sowie auf friedlichen Widerstand setzen, sind die jüngere Generation und viele Exiltibeter auch zu gewaltsamem Widerstand bereit, um einen unabhängigen tibetischen Staat durchzusetzen (vgl. Jarke 2008: 1; Heberer 2008b: 205; Sandschneider/Stumbaum 2008: 2). Einer solchen Forderung kann die chinesische Regierung unmöglich nachgeben, da dies Unabhängigkeitsbestrebungen von anderen Minderheiten bestärken und die innere Stabilität Chinas gefährden könnte (vgl. Jarke 2008: 2; Heberer 2008b: 209)

die Chinesen Ausdruck fanden. Dabei starben Zehntausende Tibeter, wurden Tausende tibetische Klöster zerstört. 100.000 Tibeter flohen mit dem Dalai Lama nach Indien, wo sich eine tibetische Exilregierung bildete, die seitdem für die kulturelle Autonomie der Region kämpft (vgl. Heberer 2008b: 204 und 206; Sandschneider/Stumbaum 2008: 2; Hoppe/Ramble 2008: 763).

Die Feierlichkeiten zum 49. Jahrestag des tibetischen Aufstandes am 10. März 2008 können als Auslöseereignis (vgl. Kepplinger in Kapitel 4.1) des Tibetkonflikts 2008 bezeichnet werden[46]. Als Reaktion auf die angeblich friedlichen Proteste tibetischer Mönche (vgl. Human Rights Watch 2008a: 32) verhaftete die chinesische Polizei einige Demonstranten. Die tibetischen Proteste weiteten sich daraufhin aus, auch auf die benachbarten Provinzen Gansu, Qinghai und Sichuan aus. Die Demonstranten wurden auf rund 30.000 geschätzt (vgl. ebd: 33). Auch im Ausland, in Kathmandu/Nepal und Dharamsala/Indien (vgl. Human Rights Watch 2008b), wo der Dalai Lama lebt, begannen Proteste. In China kam es zu Angriffen gegenüber den Han-Chinesen[47]. Die chinesische Führung reagierte mit dem Einsatz von Schusswaffen und nahm Tausende von tibetischen Demonstranten fest (vgl. Human Rights Watch 2008a: 33). Inhaftierte wären laut Menschenrechtsorganisationen Misshandlungen ausgesetzt gewesen und auch lange nach Ende der Proteste nicht freigelassen worden. Der Verbleib vieler bleibe ungeklärt. Zudem kam es zu zahlreichen Todesopfern, wobei die Angaben zwischen 21 und 203 Getöteten liegen (vgl. Amnesty International 2008; vgl. Amnesty International 2009).

Die Medienberichterstattung aus der Region war schwierig, da ausländischen Journalisten die Einreise nach Tibet verboten war und Zensur herrschte (vgl. Human Rights Watch 2008a: 33 f.; Jarke 2008: 1; Sandschneider/Stumbaum 2008: 2). Einzige Quelle war daher das staatliche chinesische Fernsehen, das aber einseitig nur von tibetischen Angriffen auf Han-Chinesen berichtete (vgl. Human Rights Watch 2008b). Später ließ die Regierung lediglich organisierte und stark überwachte Reisen für eine geringe Anzahl von ausländischen Journalisten zu, denen jedoch kein Zugang zu relevanten Orten gewährt wurde. Interviews mit der Bevölkerung seien kaum möglich gewesen; diese hätte dann auch Repressalien vonseiten der chinesischen Behörden befürchten müssen. Tibetische Mönchen seien nach Interviews mit ausländischen Journalisten inhaftiert und misshandelt worden (vgl. Human Rights Watch 2008a: 43 f).

Die ungünstigen Bedingungen für die Medienberichterstattung standen im Kontrast zum großen weltweiten Interesse am Tibetkonflikt. Innerhalb weniger Tage wurde der nationale Konflikt auf eine internationale Ebene gehoben, zunächst auf-

---

[46] Zu betonen ist an dieser Stelle, dass in der vorliegenden Arbeit nur ein Ausschnitt aus der Tibet-Problematik betrachtet wird. Der Tibetkonflikt 2008 kann auch als Folgeereignis vorheriger Ereignissen betrachtet werden, zum Beispiel der Besetzung Tibets, des Aufstands 1959 oder in jüngerer Vergangenheit des Besuchs des Dalai Lamas im Kanzleramt (vgl. Fleischmann in Kapitel 1.1).

[47] Die Han sind neben den 55offiziellen nationalen Minderheiten die größte Volksgruppe Chinas. Ungefähr 92 Prozent der chinesischen Bevölkerung sind Han-Chinesen (vgl. Hansen 2008: 288).

grund der Kritik vonseiten des Dalai Lamas und der Exiltibeter in Nepal und Indien, bald aber auch aufgrund der Reaktionen von zahlreichen ausländischen Politikern und aufgrund der anstehenden Olympischen Spiele.

Westliche Politiker zweifelten Tibets Status als Teil der VR zwar nicht an, forderten aber mehr Transparenz vonseiten Chinas über die Vorfälle, die Zulassung ausländischer Beobachter und Medienvertreter (vgl. Die Bundesregierung 2008b) sowie Demonstrationsfreiheit für die Tibeter (vgl. UN News Centre 2008). Verurteilt wurde das brutale Vorgehen der chinesischen Sicherheitskräfte und die Diskriminierung von ethnischen Minderheiten (vgl. Europäisches Parlament 2008: 2 f.) Sowohl bei Politikern, als auch in der westlichen Bevölkerung (vgl. Statistisches Bundesamt 2010) und in den deutschen Medien (vgl. zum Beispiel Vach 2008: 59 ff.) wird eine chinakritische Einstellung festgestellt.

Betrachtet man das Ereignis Tibetkonflikt 2008 aus krisentheoretischer Sicht (vgl. Krisendefinitionen in Kapitel 3.4), so weitete sich offenbar ein ursprünglich nationaler Gewaltkonflikt zwischen den Tibetern und der chinesischen Regierung mit dem Streitpunkt ‚Tibetische Unabhängigkeit‘ zu einem internationalen gewaltlosen Konflikt zwischen der chinesischen Führung und westlichen Regierungen aus. Bei letzterem Konflikt wurde vor allem mit den Olympischen Spielen argumentiert. So forderte das Europäische Parlament China auf,

> „(…) seine Zusagen in Bezug auf die Menschen- und Minderheitenrechte, die Demokratie und die Rechtsstaatlichkeit einzuhalten, die es öffentlich verkündet hatte, als das Internationale Olympische Komitee (IOC) beschloss, die Olympischen Spiele an China zu vergeben“ (Europäisches Parlament 2008: 3).

Staats- und Regierungschef der EU-Länder sollten sich um eine gemeinsame Position bezüglich der Olympia-Eröffnungsfeier bemühen und sich „die Option der Nichtteilnahme“ offenhalten, falls der Dialog zwischen der chinesischen Regierung und dem Dalai Lama nicht wieder aufgenommen würde (ebd: 3). Um China in diesem gewaltlosen Konflikt unter Druck zu setzen, wurde also ein möglicher Boykott der Eröffnungsfeier, einer höchst symbolischen Veranstaltung zu Beginn der Olympischen Spiele, erwogen. Wäre er durchgesetzt worden, hätte dies mit Sicherheit die internationalen Beziehungen zu China schwer beschädigt.

5.2 Naturkatastrophe: Sichuan-Erdbeben 2008

Am 12. Mai 2008 um 14:28 Uhr Ortszeit bebte in China mit einer Stärke von 7,9 auf der Richterskala die Erde, mit dem Epizentrum in der südwestchinesischen Provinz Sichuan im Landkreis Wenchuan nördlich der Provinzhauptstadt Chengdu (vgl. Mulvenon 2008: 1). Bei dem Beben, das hier als Auslöseereignis bezeichnet werden kann, kamen mehr als 87.000 Menschen ums Leben. Mehr als 374.000 Menschen wurden verletzt, rund 5 Millionen obdachlos (vgl. Hong Kong Red Cross 2009; IRFC 2009; Ärzte ohne Grenzen 2008).

Am stärksten betroffen waren die Provinzen Sichuan, Sha'anxi und Gansu, aber auch Chongqing, Ningxia, Yunnan, Qinghai und Hubei. Die Elektrizitätsversorgung und Telefonverbindungen brachen zusammen, mehr als 60 bis 80 Prozent der Häuser wurden je nach Gebiet zerstört, Verkehrsverbindungen blockiert (vgl. Hong Kong Red Cross 2009). Die wirtschaftlichen Gesamtverluste aufgrund des Erdbebens werden auf 844 Milliarden RMB geschätzt (World Bank 2009), umgerechnet etwa 89 Milliarden Euro. United Nations International Strategy for Disaster Reduction (UNISDR) zählte das Erdbeben neben dem Zyklon Nargis in Myanmar aufgrund der hohen Anzahl an Todesopfern zu den zwei Hauptkatastrophen des Jahres 2008 (vgl. UNISDR 2009: 1).

Angesichts dieser Ausmaße an Opfern und Schäden und angesichts der Hilfsbedürftigkeit der betroffenen Region kann das Sichuan-Erdbeben aus krisentheoretischer Sicht als eine (nicht vom Menschen verursachte) Katastrophe bezeichnet werden (vgl. Krisendefinitionen in Kapitel 3.4). Allerdings merkt UNISDR an, dass die hohe Zahl an Opfern durch eine erdbebensichere Bauweise hätte vermieden werden können (vgl. UNISDR 2009: 1). Laut UNICEF wurden mehr als 12.000 Schulen in der Provinz Sichuan zerstört und 6500 in der Provinz Gansu (vgl. UNICEF 2009: 34). Da sich das Erdbeben während der Unterrichtszeit ereignete, starben nach offiziellen chinesischen Angaben mehr als 5300 SchülerInnen (vgl. Bai 2009).

Bis dieser Bauskandal in China ein Thema wurde, herrschten deutlich bessere journalistische Recherchebedingungen als beim Tibetkonflikt:

> „Für die chinesische Regierung geht es in dieser Krise auch um das eigene Überleben. Im Gegensatz zur Informationspolitik während der Tibet-Unruhen reagierte die kommunistische Führung – auch mit Blick auf das Verhalten der Militärjunta im von einem Taifun zerstörten Birma – mit einer überraschend offenen Berichterstattung." (Sandschneider/Stumbaum 2008: 1).

Im Gegensatz zum Tibetkonflikt waren die ausländischen Reaktionen auf dieses China-Ereignis sehr positiv: Neben der freien Medienberichterstattung (vgl. Restall 2008: 77) wurde auch die schnelle, souveräne und transparente Reaktion der chinesischen Behörden auf die Katastrophe gelobt (vgl. Ärzte ohne Grenzen 2008; Mulvenon 2008). Chinesische Spitzenpolitiker besuchten den Unglücksort (vgl. Restall 2008: 76 f.) und akzeptierten ausländische Hilfe, zum Beispiel auch von deutscher Seite unter anderem durch das Technische Hilfswerks und das Deutsche Rote Kreuz. Der damalige Bundesaußenminister Frank-Walter Steinmeier reiste im Juni 2008 nach Sichuan (vgl. Die Bundesregierung 2008a). Für chinesische Opfer wurden Spenden in Euro-Milliardenhöhe gesammelt, von chinesischen Privatleuten (vgl. Restall 2008: 77 f.), aber auch von der deutschen Regierung (vgl. Schaefer 2008: 7). Bundeskanzlerin Angela Merkel sprach den Opfern offiziell ihr Mitgefühl aus (vgl. Die Bundesregierung 2008c).

Im Vergleich zum Tibetkonflikt war das Sichuan-Erdbeben offenbar, um die Terminologie von Dayan/Katz zu gebrauchen, trotz seines Krisencharakters ein deutlich ‚versöhnlicheres', weniger konfliktorientiertes Ereignis.

5.3 Internationale Sportveranstaltung: Olympische Spiele 2008

Am 13. Juli 2001 entschied das International Olympic Committee (IOC), die 29. Olympischen Sommerspiele 2008 an Beijing zu vergeben. Unter dem Motto ‚One World, One Dream' fanden die Wettbewerbe vom 8. bis 24. August 2008 an 31 Sportstätten in Beijing statt und an weiteren sechs Sportstätten außerhalb der Hauptstadt (vgl. Holbig et al. 2008: 2; The Beijing Organizing Committee for the Games of the XXIX Olympiad 2008).

Die Olympischen Spiele gingen mit einer aufwändigen Medienberichterstattung einher. Rund 25.000 Medienvertreter aus aller Welt berichteten über die Sportveranstaltung. Etwa 700 Mitarbeiter entsendeten alleine ARD und ZDF (vgl. CRI Online Deutsch 2008). In Beijing wurde ein hochmodernes, internationales Medienzentrum eingerichtet (vgl. Crienglish.com 2008). Die Arbeitsbedingungen hinsichtlich der personellen Besetzung und der Infrastruktur waren also im Vergleich zum Tibetkonflikt und zum Sichuan-Erdbeben besser (vgl. Holbig et al. 2008: 2). Allerdings wurden die Erwartungen enttäuscht, dass die chinesische Regierung tatsächlich eine freiere Berichterstattung zulassen würde, wie sie es vorher für den Zeitraum Januar 2007 bis Oktober 2008 angekündigt hatte. Der journalistische Zugang zur chinesischen Bevölkerung war insofern eingeschränkt, als dass Meinungsäußerungen chinesischer Chinakritiker, zum Beispiel Menschenrechtsaktivisten und Petitionäre, durch die chinesischen Behörden verhindert wurden (vgl. Holbig et al. 2008: 2 f.)

Die Olympischen Spiele waren also von Anfang an von politischen Kontroversen begleitet. Da die chinesische Führung eine Verbesserung der Menschenrechtslage versprochen hatte (vgl. Wacker 2008: 2), bestand weltweit die Hoffnung, es würde aufgrund der Wettbewerbe in China zu einer politischen Liberalisierung kommen. Dies war aber letztendlich nicht der Fall (vgl. Holbig et al. 2008: 3)[48]. Vermutlich haben westliche Politiker auch aufgrund ihrer enttäuschten Erwartungen so intensiv über einen Olympia-Boykott diskutiert (vgl. Wacker 2008: 3). Dass auch die mediale Sicht auf die Olympischen Spiele, die eigentlich eine reine Sportveranstaltung darstellen, tendenziell politisch und gesellschaftlich geprägt war, hat zum Beispiel Vach

[48] „Dass die Spiele als Katalysator einer politischen Liberalisierung in China wirken, ist nicht zu erkennen. Liberalisierungseffekte wie etwa die weitere Zunahme ökonomischer und individueller Wahlfreiheiten, gesellschaftliche Pluralisierungstrends oder rechtsstaatliche Reformen können bestenfalls längerfristig erwartet werden. Hier handelt es sich jedoch weniger um Auswirkungen der Olympischen Spiele selbst, als vielmehr um allgemeine Modernisierungseffekte, die seit nunmehr fast drei Jahrzehnten in China zu beobachten sind." (Holbig et al. 2008: 7)

in ihrer Framing-Analyse zur Olympiaberichterstattung im Schatten des Tibetkonflikts gezeigt (vgl. Vach 2008: 61).

Die Reaktionen auf dieses China-Ereignis unterscheiden sich also stark von denen bezüglich des Tibetkonflikts und des Sichuan-Erdbebens. Chinakritische Proteste unterschiedlichster Interessengruppen wie Menschenrechts- und Umweltaktivisten, Exiltibeter und westliche Politiker, die während der Fackellaufproteste einen Höhepunkt fanden (vgl. Edney 2008: 111), stießen auf das Ziel der chinesischen Regierung, „perfekt organisierte, harmonische und friedliche Spiele" zu organisieren, „die zeigen, wie weit China in den letzten dreißig Jahren mit seiner Modernisierung vorangekommen ist" (Wacker 2008: 2). Während das IOC betonte, es handle sich bei den Olympischen Spielen ausschließlich um ein sportliches Ereignis, erfolgten jedoch politische Äußerungen vonseiten der Athleten (vgl. Wacker 2008: 1). Die Empörung der chinesischen Bevölkerung gegenüber der kritischen westlichen Medienberichterstattung über den Tibetkonflikt wird von Wacker entsprechend als „nationalistische Gegenreaktion" bezeichnet (Wacker 2008: 1), die auf dem Aufeinanderprallen verschiedener Erwartungen an die Bedeutung des Geschehnisses basieren. Bei den Olympischen Spielen ist also teilweise auch ein politischer Konflikt erkennbar.

Zusammenfassend wird deutlich, dass es sich bei diesen drei China-Ereignissen um sehr unterschiedliche Geschehnisse handelt. Dies wird aus ereignis- und krisentheoretischer Perspektive und auch angesichts der journalistischen Arbeitsbedingungen und der unterschiedlich chinakritischen bzw. chinafreundlichen Reaktionen auf die Ereignisse deutlich. Die Verschiedenartigkeit dieser Geschehnisse bietet die Grundlage, um die Chinaberichterstattung 2008 je nach Ereignis zu vergleichen, da auf diese Weise verdeutlicht werden kann, dass die Chinaberichterstattung als komplexes Phänomen anzusehen ist.

6 Untersuchungsdesign

6.1 Präzisierung der Fragestellung

Im Jahr 2008 wurde die deutsche Chinaberichterstattung als einseitig und mangelhaft kritisiert. Aus der Beobachtung dieses Phänomens in der sozialen Wirklichkeit entstand folgende allgemeine Frage: Ist die Chinaberichterstattung deutscher Medien tatsächlich so unausgewogen und mangelhaft?

Bisher liefert die Wissenschaft dazu eher uneindeutige Antworten. In Kapitel 2 wurde festgestellt, dass das Forschungsinteresse an deutscher Chinaberichterstattung steigt, die Vergleichbarkeit der Ergebnisse aber schwierig ist. Viele Untersuchungen entsprechen in ihrer Methodik nicht sozialwissenschaftlichen Standards bzw. sind nicht intersubjektiv nachvollziehbar. Zudem werden in den Studien sehr unterschiedliche Kategorien angelegt. Generalisierende Schlussfolgerungen sind so schwer möglich. Je nach Forschungsperspektive variiert auch die Einschätzung der Qualität deutscher Chinaberichterstattung.

Angesichts dessen wird in der vorliegenden Arbeit die Chinaberichterstattung 2008 eine multiperspektivische Herangehensweise angestrebt, bei der unterschiedliche Ereignisse, Phasen und Medien verglichen werden. Analysiert wird auf Basis von laut Literatur zentralen inhaltlichen Merkmalen der Auslandsberichterstattung (Kapitel 3). Damit wird erstmals versucht, einen Katalog an grundlegenden Merkmalen herauszuarbeiten, der Auslandsberichterstattungsinhalte in ihrer Vielfalt beschreibt und eine Basis für vergleichbare Studien liefert.

Wie unterschiedlich Ereignisse sowohl in den Medien als auch in der Wissenschaft behandelt werden, zeigen die in Kapitel 4 dargestellten ereignistheoretischen Ansätze. Deutlich wird hier, dass es bisher kein einheitliches Konzept gibt, in dem viele verschiedene Ereignistypen integriert sind. Kolbs Konzept der Themenzyklusanalyse und deren empirische Überprüfung geben zudem Hinweise darauf, wie unterschiedlich Medienberichterstattung je nach Ereignisphase sein kann. Angesichts dieser theoretischen Befunde werden in dieser Arbeit bewusst drei sehr unterschiedliche China-Ereignisse (vorgestellt in Kapitel 5) analysiert.

Angesichts dieses Kenntnisstandes ergibt sich folgende zentrale Forschungsfrage: *Welche Merkmale weist die Chinaberichterstattung deutscher überregionaler Tageszeitungen im Jahr 2008 auf, und wie unterscheidet sie sich je nach Ereignis, Ereignisphase und Medium?*

6.2 Hypothesen

Um wissenschaftlich nachprüfbare Aussagen über die Realität machen zu können (vgl. Brosius/Koschel 2001: 43 f.), wurden als Forschungsannahmen diverse Hypothesen entwickelt. Sie leiten sich von der Haupthypothese ab, die sich an der Forschungsfrage orientiert:

H 1 Die Chinaberichterstattung 2008 deutscher überregionaler Tageszeitungen entspricht den laut Literatur zentralen Merkmalen der Auslandsberichterstattung, unterscheidet sich jedoch je nach Ereignis, Ereignisphase und Medium.

Um H 1 zu überprüfen, muss diese in die darin enthaltenen theoretischen Konstrukte aufgeteilt werden. Im Folgenden werden die Unterhypothesen je nach Auslandsberichterstattungsmerkmal, Ereignis, Ereignisphase und Medium gebildet. Sie basieren auf den im Theorieteil gewonnenen Erkenntnissen, auf Ergebnissen von Inhaltsanalysen zur Auslandsberichterstattung sowie auf einer ersten Sichtung des Untersuchungsmaterials.

6.2.1 Hypothesen je nach Auslandsberichterstattungsmerkmal

Die Chinaberichterstattung 2008 wird anhand von acht zentralen Auslandsberichterstattungsmerkmalen untersucht (vgl. Kapitel 3.1 bis 3.8):

H 2: Die Chinaberichterstattung 2008 deutscher überregionaler Tageszeitungen entspricht den laut Literatur zentralen Merkmalen der Auslandsberichterstattung.

Aus H 2 leiten sich den Merkmalen entsprechend acht Unterhypothesen ab:

H 2a: Die Chinaberichterstattung 2008 weist eine geringe Quellenanzahl, wenig unterschiedliche Quellen und eine Dominanz von Nachrichtenagenturen als Quellen und Verfasser auf (Eingeschränkte Quellenlage).

H 2b: In der Chinaberichterstattung 2008 ist die Mehrzahl der Akteure und Quellen deutscher Herkunft, kommt unter den Berichterstattungsländern Deutschland am häufigsten vor und ist die Mehrzahl der Artikel mit Deutschlandbezug (Nationalisierte Perspektive).

H 2c: In der Chinaberichterstattung 2008 wird über eine geringe Anzahl chinesischer Regionen deutlich häufiger berichtet, während über andere Regionen gar nicht berichtet wird (Regionalismus).

H 2d: In der Chinaberichterstattung 2008 wird gewaltlosen Konflikten, Kriegen/ Gewaltkonflikten und Katastrophen übermäßig viel Platz eingeräumt (Krisenzentrierung).

H 2e: In der Chinaberichterstattung 2008 erscheinen die meisten Artikel im Ressort Politik, stammen die meisten Artikel aus dem Sachbereich Politik und überwiegen politische Akteure (Politikzentrierung).

H 2f: In der Chinaberichterstattung 2008 handelt es sich bei den meisten Akteuren um Elite-Akteure (Elitenzentrierung).

H 2g: In der Chinaberichterstattung 2008 kommt weniger kontextorientierte Hintergrundberichterstattung vor als ereignisorientierte Vordergrundberichterstattung (Vernachlässigung des Kontextes).

H 2h: In der Chinaberichterstattung 2008 werden Krisen öfter im negativen als im positiven Zusammenhang dargestellt, wird der Akteur China mehrheitlich negativ bewertet und kommen übermäßig viele chinakritische Themen vor (Negativzentrierung).

6.2.2 Hypothesen je nach Ereignis

Die Chinaberichterstattung 2008 wird je nach China-Ereignis verglichen:

H 3: Die Chinaberichterstattung 2008 deutscher überregionaler Tageszeitungen ist unterschiedlich je nach Ereignis.

Aus Hypothese H 3 leiten sich pro Merkmal folgende Unterhypothesen ab:

H 3a: Beim Tibetkonflikt ist die Eingeschränkte Quellenlage stärker ausgeprägt als beim Sichuan-Erdbeben und bei den Olympischen Spielen.

H 3a beruht auf der Überlegung, dass während des Tibetkonflikts eine freie journalistische Recherche vor Ort nicht möglich war, nach dem Sichuan-Erdbeben hingegen eine offene Berichterstattung zugelassen wurde. Bei den Olympischen Spielen gab es zwar keine freie Berichterstattung, aber gute Rahmenbedingungen für die Medien. Zudem handelt es sich um ein lange geplantes Medienereignis, auf das sich die Journalisten intensiv vorbereiten konnten.

H 3b: Beim Sichuan-Erdbeben ist die Nationalisierte Perspektive schwächer ausgeprägt als bei den Olympischen Spielen und beim Tibetkonflikt.

H 3b beruht auf der Überlegung, dass das Sichuan-Erdbeben zwar deutsche Anteilnahme hervorgerufen hat, aber keine Meinungsbildung aus speziell deutscher Sicht erforderte. Beim Tibetkonflikt hingegen haben sich deutsche Akteure stark positioniert, genauso wie bei den Olympischen Spielen.

H 3c: Bei den Olympischen Spielen ist der Regionalismus stärker ausgeprägt als beim Tibetkonflikt und beim Sichuan-Erdbeben.

H 3c beruht auf der Überlegung, dass der Tibetkonflikt und das Sichuan-Erdbeben beide in mehreren chinesischen Provinzen stattfanden: Neben Tibet wurde auch in anderen Provinzen demonstriert. Das Erdbeben betraf neben Sichuan auch andere Bereiche Südchinas. Die Olympischen Spiele hingegen hatten einen deutlichen regionalen Schwerpunkt in Beijing.

H 3d: Beim Sichuan-Erdbeben ist die Krisenzentrierung schwächer ausgeprägt als beim Tibetkonflikt und bei den Olympischen Spielen.

H 3d beruht auf der Überlegung, dass es beim Sichuan-Erdbeben nach dem Beben sofort um die Bewältigung und Eindämmung der Krise ging, während sich der Tibetkonflikt im Laufe der Zeit ausweitete. Bei den Olympischen Spielen handelt es sich zwar um ein Medienereignis mit Versöhnungscharakter, allerdings werde heute laut Dayan über Medienereignisse konfliktorientierter berichtet werde als früher. Dies war auch bei dieser stark politisierten Sportveranstaltung der Fall.

H 3e: Beim Sichuan-Erdbeben ist die Politikzentrierung weniger ausgeprägt als bei den Olympischen Spiele und beim Tibetkonflikt.

H 3e beruht auf der Überlegung, dass beim Sichuan-Erdbeben das Beben als Schlüsselereignis keinen politischen Charakter hat. Beim Tibetkonflikt hingegen ist das Auslöseereignis, die Demonstrationen zum Jahrestag des tibetischen Widerstandes, politisch geprägt. Die Olympischen Spiele weisen aufgrund der Menschenrechtsdebatte Politkbezug auf (vgl. Vach 2008: 61).

H 3f: Beim Sichuan-Erdbeben ist die Elitenzentrierung schwächer ausgeprägt als bei den Olympischen Spielen und beim Tibetkonflikt.

H 3f ergibt sich aus Hypothese H 3e, die die schwächste Politikzentrierung beim Sichuan-Erdbeben vermutet. Angesichts der Festlegung, dass unter politischen Akteuren grundsätzlich Elite-Akteure zu verstehen sind, ist das Sichuan-Erdbeben vermutlich auch am wenigsten elitenzentriert.

H 3g: Bei den Olympischen Spielen ist die Kontextvernachlässigung schwächer ausgeprägt als beim Tibetkonflikt und beim Sichuan-Erdbeben.

H 3g beruht auf der Überlegung, dass bei den unerwarteten Krisenereignissen Tibetkonflikt und Sichuan-Erdbeben weniger Zeit für Recherche war. Die Olympischen Spiele hingegen waren lange vorgeplant und boten angesichts der guten Medien-Infrastruktur bessere Bedingungen für Hintergrundrecherche.

H 3h: Beim Sichuan-Erdbeben ist die Negativzentrierung schwächer ausgeprägt als beim Tibetkonflikt und bei den Olympischen Spielen.

H 3h beruht auf der Überlegung, dass auf das Sichuan-Erdbeben aufgrund der offenen Medienpolitik und des guten Krisenmanagements der chinesischen Regierung eher positiv reagiert wurde. Beim Tibetkonflikt hingegen wurde China stark kritisiert, und bei den Olympischen Spielen wurde oft auf Negativaspekte wie die mangelhafte Menschenrechtslage hingewiesen.

6.2.3 Hypothesen je nach Ereignisphase

Die Chinaberichterstattung 2008 wird je nach Ereignisphase verglichen:

H 4: Die Chinaberichterstattung 2008 deutscher überregionaler Tageszeitungen ist unterschiedlich je nach Ereignisphase.

Laut Kolb weisen die einzelnen Phasen (Latenz-, Aufschwung-, Etablierungs-, Abschwung- und Marginalisierungsphase) inhaltlich sehr unterschiedliche Charakteristika auf. Aus H 4 leiten sich pro Merkmal folgende Unterhypothesen ab:

H 4a: In der ersten Ereignisphase ist die Eingeschränkte Quellenlage stärker ausgeprägt als in der zweiten Phase, in der zweiten Phase stärker ausgeprägt als in der dritten.

H 4a beruht auf der Überlegung, dass in Phase 1 das Thema erst eingeführt wird, da das Auslöseereignis gerade erst geschehen ist. Die Medien sind dann noch stärker abhängig von Nachrichtenagenturen als später, wenn Zeit war für umfangreiche Recherchen. Im Laufe von Phase 2 und Phase 3 bis zum Berichterstattungshöhepunkt melden sich zudem immer mehr Akteure zu Wort, was die Anzahl potentieller Quellen erhöht.

H 4b: In der zweiten und dritten Ereignisphase ist die Nationalisierte Perspektive weniger ausgeprägt als in den anderen Phasen.

H 4b beruht auf der Überlegung, dass aufgrund der Akteursvielfalt in Phase 2 und Phase 3 auch eine Vielfalt der Perspektiven vorliegt.

H 4c: In der ersten Phase ist der Regionalismus stärker ausgeprägt als in der zweiten und dritten Phase.

H 4c beruht auf der Überlegung, dass in Phase 1 das Auslöseereignis erst geschehen ist und entsprechend die Region, in der das Auslöseereignis stattfindet, im Vordergrund steht. Eine (geografische) Ausweitung des Themas folgt vermutlich erst danach.

H 4d: In der vierten und fünften Phase ist die Krisenzentrierung schwächer ausgeprägt als in der dritten Phase.

H 4d beruht auf der Überlegung, dass nach Phase 3, die mit dem Berichterstattungshöhepunkt endet, das mediale Interesse zurückgeht, während die Berichterstattung vor dem Höhepunkt in Phase 3 meinungsreicher und damit auch konfliktreicher ist als hinterher in Phase 4 und Phase 5.

H 4e: In der dritten Phase ist die Politikzentrierung stärker ausgeprägt als in den anderen Phasen.

H 4f: In der dritten Phase ist die Elitenzentrierung stärker ausgeprägt als in den anderen Phasen.

H 4e und H 4f beruhen auf der Überlegung, dass in Phase 3 das Thema von politischen Akteuren, also auch von Eliten vereinnahmt wird.

H 4g: In der ersten Phase ist die Vernachlässigung des Kontextes stärker ausgeprägt als in der zweiten und dritten Phase.

H 4g beruht auf der Überlegung, dass es in Phase 1, in der das Auslöseereignis gerade erst geschehen ist, zunächst ereignisorientierte Vordergrundberichterstattung wichtig ist, um die dringendsten Informationen zu liefern. Erst in den nachfolgenden Phasen, wenn das Thema mehr Aufmerksamkeit erlangt, wird vermutlich vermehrt kontextualisiert.

H 4h: In der vierten Phase ist die Negativzentrierung schwächer ausgeprägt als in der dritten Phase.

H 4h beruht auf der Überlegung, dass in Phase 4, die nach der Lösung des Problems in Phase 3 folgt, der meiste Meinungsaustausch und damit die hauptsächliche chinakritische Berichterstattung abgeschlossen ist.

6.2.4 Hypothesen je nach Medium

Die Chinaberichterstattung 2008 wird je nach Medium verglichen:

H 5: Die Chinaberichterstattung 2008 deutscher überregionaler Tageszeitungen ist unterschiedlich je nach Medium.

Mit der *FAZ*, *SZ* und der *Welt* werden drei verschiedene überregionale Tageszeitungen untersucht (für Porträts der Zeitungen vgl. Kapitel 6.4.2). Aus Hypothese H 5 leiten sich pro Merkmal folgende Unterhypothesen ab:

H 5a: Bei der *FAZ* ist die Eingeschränkte Quellenlage schwächer ausgeprägt als bei der *SZ* und bei der *Welt*.

H 5a beruht auf Nafroths Studie zur deutschen Japanberichterstattung, nach der geschätzt wird, dass die *FAZ* mit ihrem großen Korrespondentennetz weitgehend unabhängig von Nachrichtenagenturen sei (vgl. Nafroth 2002: 93). Hafez stellt zudem in seiner Nahoststudie fest, dass bei der *FAZ* weniger als ein Viertel der Beiträge von Agenturen stammen würden, bei der *SZ* aber mehr als die Hälfte (vgl. Hafez 2002b: 85).

H 5b: Bei der *SZ* ist die Nationalisierte Perspektive stärker ausgeprägt als bei der *FAZ* und bei der *Welt*.

H 5b beruht auf Wasinskis Inhaltsanalyse der deutschen Berichterstattung über die EU-Osterweiterung, nach der die *SZ* unter allen Ländernennungen am häufigsten Deutschland als erstes Land nenne, die *FAZ* hingegen seltener (vgl. Wasinski 2007: 69). Außerdem fokussiere sich die *SZ* stärker auf deutsche Akteure als die *FAZ* (vgl. ebd: 77 f.). Insgesamt scheint die *SZ* also stärker eine deutsche Perspektive einzunehmen.

H 5c: Bei der *SZ* ist der Regionalismus schwächer ausgeprägt als bei der *Welt* und bei der *FAZ*.

H 5c beruht auf Nafroths Inhaltsanalyse zur deutschen Japanberichterstattung, nach der sich die *SZ* häufiger auf andere japanische Gegenden als Tokyo und Osaka beziehe als die *FAZ* und *Die Welt* (vgl. Nafroth 2002: 126).

H 5d: Bei der *SZ* ist die Krisenzentrierung schwächer ausgeprägt als bei der *FAZ* und bei der *Welt*.

H 5d beruht auf Nafroths Studienergebnissen, nach der die *SZ* am seltensten Problemdarstellungen als Vermittlungsanlass für die Berichterstattung über Japan nehme. Bei der *FAZ* und bei der *Welt* seien hingegen in den meisten Artikeln Problemdarstellungen der Vermittlungsanlass (vgl. Nafroth 2002: 122).

H 5e: Bei der *SZ* ist die Politikzentrierung stärker ausgeprägt als bei der *FAZ* und bei der *Welt*.

H 5e beruht auf Nafroths Studie, nach der die *SZ* im Vergleich zur *FAZ* und der *Welt* bei den japanischen Handlungsträgern den höchsten Anteil an Politikakteuren (vgl. Nafroth 2002: 128) und Politikthemen aufweise (vgl. ebd: 116).

H 5f: Bei der *Welt* ist die Elitenzentrierung stärker ausgeprägt als bei der *SZ* und bei der *FAZ*.

H 5f beruht auf den Zielgruppenvorstellungen der drei Zeitungen, die sich alle an gut verdienende, gebildete Leser in Leitungsfunktionen richten (vgl. Kapitel 6.4.2). *Die Welt* wendet sich dabei ausdrücklich an „traditionelle Eliten" (Axel Springer Mediapilot 2009).

H 5g: Bei der *Welt* ist die Vernachlässigung des Kontextes stärker ausgeprägt als bei der *SZ* und bei der *FAZ*.

H 5g beruht auf Ergebnissen der Japanstudie von Nafroth, nach denen *Die Welt* stark ereignisbezogen berichte, bei der *FAZ* und *SZ* hingegen eine Ausgewogenheit zwischen Ereignis- und Hintergrundberichterstattung vorliege (vgl. Nafroth 2002: 111).

H 5h: Bei der *Welt* ist die Negativzentrierung schwächer ausgeprägt als bei der *SZ* und bei der *FAZ*.

H 5h beruht auf Nafroths Inhaltsanalyse, nach der *Die Welt* als einzige Zeitung keine negativlastige Bewertung Japans aufweise (vgl. Nafroth 2002: 142).

6.3 Methodik

6.3.1 Inhaltsanalyse

> „Die Inhaltsanalyse ist eine empirische Methode zur systematischen, intersubjektiv nachvollziehbaren Beschreibung inhaltlicher und formaler Merkmale von Mitteilungen, meist mit dem Ziel einer darauf gestützten interpretativen Inferenz auf mitteilungsexterne Sachverhalte." (Früh 2007: 27).

Laut Werner Früh hat die Inhaltsanalyse als empirische[49] Methode also einen grundsätzlich deskriptiven Charakter (vgl. Früh 2007: 40), da im Mittelpunkt dieser Me-

[49] Empirisches Vorgehen ist dadurch gekennzeichnet ist, dass das „durch die Forschungsfrage (Konstruktebene) bezeichnete Erkenntnisobjekt ein wahrnehmbares bzw. intersubjektiv identifizierbares Korrelat in der Realität besitzt" (Früh 2007: 27). Mit den Begriffen ‚systematisch' und ‚intersubjektiv nachvollziehbar' ist gemeint, dass die angelegten Messkriterien und damit auch die Ergeb-

thode die Beschreibung von Medieninhalten nach wissenschaftlichen Kriterien (vgl. Bonfadelli 2002: 79) steht.

Bei Klaus Merten hingegen stehen die Inferenzschlüsse auf die nichtmanifeste soziale Wirklichkeit mithilfe der manifesten[50] Texte als Gegenstand der Inhaltsanalyse im Vordergrund:

> „Inhaltsanalyse ist eine Methode zur Erhebung sozialer Wirklichkeit, bei der von Merkmalen eines manifesten Textes auf Merkmale eines nichtmanifesten Kontextes geschlossen wird." (Merten 1995: 15).

Diese zwei als zentral geltenden Definitionen der Inhaltsanalyse (vgl. Rössler 2005: 18 ff.; Bonfadelli 2002: 79) weisen also unterschiedliche Schwerpunkte auf. Beide Definitionen hätten jedoch laut Bonfadelli gemeinsam, dass die Inhaltsanalyse als „*Methode zur Erhebung empirischer Daten*" angesehen werde und „Im Unterschied zur Befragung oder Beobachtung (..) ihr *Gegenstand die materialisierte Kommunikation* in Form von Texten, Sendungen oder aufgezeichneten bzw. transkribierten Gesprächen" sei (Bonfadelli 2002: 79; Hervorhebungen im Original). Rössler favorisiert zwar bei Mertens Ansatz, sich nicht allein auf beschreibende Medieninhaltsanalyse zu beschränken, betont aber auch, dass die jeweilige Kontextualisierung aus ihren Ergebnissen nicht zwingend abgeleitet werden könne, so dass häufig ergänzende Datenerhebungen notwendig seien (vgl. Rössler 2005: 22 f.).

Laut Literatur weist die Inhaltsanalyse folgende zentralen Merkmale auf: Sie *quantifiziert*, untersucht also mittels quantitativer Messung interessante Merkmale, indem jedem Merkmal eine numerische Entsprechung zugeordnet wird (vgl. Rössler 18 f.; Früh 2007: 28 f.). Sie ist *nonreaktiv,* da sich das Untersuchungsmaterial einer Inhaltsanalyse nicht verändert, egal wie oft diese Methode angewandt wird. Bei einer Befragung von Personen hingegen würden die Probanden auf dieselben Fragen nicht unbedingt gleich reagieren (vgl. Rössler: 21; Bonfadelli: 79). Zudem erfolgt bei der Inhaltsanalyse eine *Komplexitätsreduktion*, indem die komplexe soziale Wirklichkeit der Medienberichterstattung auf ihre zentralen Strukturen reduziert wird. Aus einer bestimmten Forscherperspektive heraus werden also bloß die für die Forschungsfrage interessanten Merkmale untersucht. Nur durch die Ausblendung von irrelevanten Mitteilungsmerkmalen und durch die Hervorhebung relevanter Merkmale ist ein wissenschaftlicher Informationsgewinn möglich (vgl: Rössler 2005: 16 f.; Früh 2007: 42).

---

nisse für Außenstehende nachvollziehbar sind, so dass die Inhaltsanalyse am selben Gegenstand beliebig oft auch von Anderen wiederholt werden könnte (vgl. ebd: 28).

[50] Mit manifesten Texten sind „alle Kommunikationsinhalte, sofern sie in irgendeiner Weise manifest, als Text abgebildet werden können" gemeint. Auch Inhalte, die nicht ursprünglich in Textform vorliegen, aber in Textform fixiert werden können, sind per Inhaltsanalyse untersuchbar, wie zum Beispiel ein Hörfunkinterview. Mit nichtmanifesten Kontexten sind hauptsächlich Kommunikatoren, Rezipienten und Situationen gemeint, also die soziale Wirklichkeit (vgl. Merten 1995: 16).

Dabei weist die Inhaltsanalyse laut Literatur folgende zentralen Qualitätskriterien auf: Eine Untersuchung besitzt *Validität* (Gültigkeit), wenn sie tatsächlich das misst, was laut Forschungsfrage und Hypothesen gemessen werden soll (vgl. Rössler 2005: 183; Früh 2007: 196; Bonfadelli 2002: 80). Dies kann durch verschiedene Formen der Validitätsprüfung bestimmt werden (vgl. Rössler 2005: 193 ff.; Früh 2007: 196 f.). Das Messinstrument besitzt *Reliabilität* (Zuverlässigkeit), wenn bei erneuter Messung zu jeder Zeit dasselbe Ergebnis wieder erzielt wird. Überprüft wird das durch eine Probecodierung, bei der Messwiederholungen verglichen werden (vgl. Rössler 2005: 185 ff.; Früh 2005: 188 ff.). Die Untersuchung sollte *Systematik* aufweisen, die Realität also nach klaren Strukturen erfassen, die bei allen Untersuchungsobjekten auf die gleiche Weise angewendet werden (vgl. Bonfadelli 2002: 81). Sie sollte *Objektivität* aufweisen, also intersubjektiv nachvollziehbar sein, indem sie die genaue Vorgehensweise offenlegt (vgl. ebd: 81). Es erfolgt zudem eine *Beschränkung auf manifeste Inhalte*: Nur faktisch vorliegende Textinhalte sollen untersucht werden, mehrdeutige Inhalte ‚zwischen den Zeilen' hingegen nicht (vgl. ebd: 81). Dieses Qualitätskriterium ist allerdings umstritten, da dadurch zum Beispiel bewertende Aspekte von Medienbotschaften nicht berücksichtigt werden können (vgl. Rössler 2005: 22).

Grundsätzlich wird unterschieden zwischen *quantitativen/standardisierten* und *qualitativen/nicht-standardisierten Inhaltsanalysen*. In einer quantitativen Analyse wird eine große Zahl von vergleichbaren Medieninhalten nach ausgesuchten Merkmalen hinsichtlich ihrer wesentlichen Muster und Tendenzen untersucht, um so verallgemeinerbare Aussagen treffen zu können. Den empirischen Beobachtungen werden systematisch Zahlenwerte zugeteilt (vgl. Rössler 16 f.; Brosius/Koschel 2001: 17). Diese Methode wird bei gut erforschten Forschungsgegenständen angewandt. In einer qualitativen Analyse hingegen wird eine geringe Zahl von Medieninhalten sehr detailliert untersucht, um komplexe Aussagen treffen zu können. Es wird also nicht in die Breite, sondern in die Tiefe geforscht. Diese Methode wird häufig bei nicht gut erforschten Forschungsgegenständen angewandt, bei denen noch keine oder wenige Ergebnisse vorliegen, auf denen die Untersuchung aufbauen könnte (vgl. Brosius/Koschel 2001: 18 f.).

Laut Rössler werden in der empirischen Kommunikationswissenschaft bevorzugt standardisierte Inhaltsanalysen durchgeführt (vgl. Rössler 2005: 17), während laut Früh Inhaltsanalysen grundsätzlich sowohl aus quantitativen und qualitativen Elementen bestehen (vgl. Früh 2007: 67). Auch auf Basis qualitativer Untersuchungen könnten Generalisierungen auf plausibler, spekulativer Basis vorgenommen werden; sie würden bloß nicht als Belege gelten (vgl. ebd: 72).

In der vorliegenden Arbeit wird eine quantitative Inhaltsanalyse durchgeführt, da es hier vor allem um die Verdeutlichung von generellen Unterschieden und Ausprägungen in der inhaltlichen Struktur der Chinaberichterstattung 2008 geht, weniger um die detaillierte Untersuchung einzelner Merkmale. Angesichts der vielen Variablen (acht Merkmale, drei Ereignisse, fünf Phasen, drei Medien) wäre eine qualitative

Analyse im Rahmen dieser Arbeit zudem gar nicht zu bewältigen. Auf der Datengrundlage, die diese Arbeit liefert, bietet sich allerdings je nach Merkmal eine Vertiefung durch qualitative Untersuchungen an.

6.3.2 Themenzyklusanalyse

Um die inhaltsanalytischen Daten je nach Ereignisphase vergleichen zu können, wird Kolbs Grafische Themenzyklusanalyse angewendet. Der theoretische Hintergrund und eine Einführung zur Phaseneinteilung wurden bereits in Kapitel 4.4 erläutert. Im Folgenden wird vorgestellt, wie Kolbs Methode leicht modifiziert auf die Chinaberichterstattung 2008 angewandt wird. Die Vorgehensweise lässt sich in drei Schritte unterteilen:

1. *Eintragung des täglichen Berichterstattungsumfangs in ein Koordinatensystem:* Die x-Achse stellt den Zeitverlauf eines Ereignisses in Tagesintervallen dar, auf der y-Achse wird der Berichterstattungsumfang eingetragen und die Messwerte zu einem linearen Graphen verbunden. Im Gegensatz zu Kolb wird der Graph nicht zu einer Kurve geglättet (vgl. Kolb 2005: 170).
2. *Bestimmung der Extremwerte:* Im Gegensatz zu Kolb werden in der vorliegenden Arbeit nur fünf Phasen bestimmt, mögliche Schlüsselereignisphasen also nicht berücksichtigt. Das bedeutet, dass insgesamt vier Extremwerte des Graphen identifiziert werden müssen: Das *Absolute Maximum* stellt den Tag dar, an dem die meisten Artikel erscheinen. Sollte dies an mehreren Tagen der Fall sein, gilt das erste vorkommende Absolute Maximum als relevant[51]. Als das *Relative Maximum* wird in der vorliegenden Arbeit das nächstniedrigere Maximum links vom Absoluten Maximum definiert. Im Gegensatz zu Kolbs Konzept ist hier das einzig relevante Relative Maximum. Sollte es dort zu mehreren Relativen Maxima kommen, gilt der zuerst erfolgende Wert[52]. *Wendepunkt 1* ist der Wert, an dem links vom Absoluten Maximum von diesem Punkt aus die positive Steigung bis zum nächsten Punkt die höchste ist. Gemessen werden muss dazu also die positive Steigung zwischen allen Messwerten vor dem Absoluten Maximum. Negative Steigungen bleiben unberücksichtigt. Die Steigung wird bestimmt, indem die Differenz von einem y-Wert zum nächsten berechnet

[51] Mathematisch definiert ist das Absolute Maximum als derjenige Wert, außer dem im gesamten Definitionsbereich kein größerer Funktionswert existiert, wobei der Graph links vom Absoluten Maximum steigt und rechts vom Absoluten Maximum fällt (vgl. Poguntke 2009: 69).

[52] Mathematisch definiert ist ein Relatives Maximum als derjenige Wert, in dessen näherer Umgebung kein größerer Funktionswert existiert, wobei die Kurve links vom Absoluten Maximum steigt und rechts vom Absoluten Maximum fällt (vgl. Poguntke 2009: 69 und 73).

wird[53]. *Wendepunkt 2* ist der Wert, an dem rechts vom Absoluten Maximum vom vorigen Punkt aus zu diesem Punkt hin die negative Steigung die höchste ist. Gemessen werden muss also die negative Steigung zwischen allen Messwerten nach dem Absoluten Maximum. Positive Steigungen bleiben in diesem Fall unberücksichtigt.

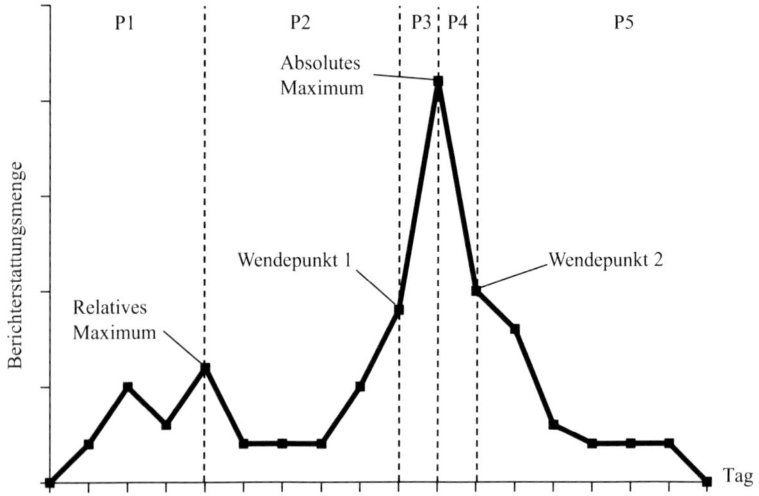

Abbildung 3: Beispiel für Themenzyklus mit Extremwerten und Phaseneinteilung

3. *Bestimmung der Phasengrenzen:* Die Grenzen der fünf Phasen orientieren sich an den oben definierten Extremwerten: *Phase P1* (*Latenzphase*) beginnt am Anfangspunkt der x-Achse und endet beim Relativen Maximum. *Phase P2* (*Aufschwungphase*) beginnt beim Relativen Maximum und endet am Wendepunkt 1. *Phase P3* (*Etablierungsphase*) beginnt am Wendepunkt 1 und endet beim Absoluten Maximum. *Phase P4* (*Abschwungphase*) beginnt beim Absoluten Maximum und endet am Wendepunkt 2. *Phase P5* (*Marginalisierungsphase*) beginnt an Wendepunkt 2 und endet am Endpunkt des Graphen.

[53] Nach Kolb liegt ein Wendepunkt dort vor, wo sich die Entwicklungsrichtung der Steigung einer Kurve ändert. Am Wendepunkt erreicht die Steigung des Graphen einen Maximalwert, dort ist also die Zunahme (bzw. Abnahme) der Berichterstattung am höchsten. Kolb bezieht sich dabei auf eine Glockenkurve (vgl. Kolb 2005: 76). Wendepunkte in diesem Sinne können also eigentlich bloß bei Kurven vorkommen. In der vorliegenden Arbeit, in der keine Kurve, sondern ein linearer Graph erstellt wird, wird der Orientierung halber trotzdem der Begriff ‚Wendepunkt' verwendet.

6.4 Untersuchungsanlage

6.4.1 Untersuchungszeitraum

Die Untersuchungszeiträume orientieren sich an den drei zentralen China-Ereignissen:

- 3. März bis 5. April 2008 (Tibetkonflikt)
- 5. Mai bis 7. Juni 2008 (Sichuan-Erdbeben)
- 1. August bis 4. September 2008 (Olympische Spiele)

Die jeweils fünfwöchigen Untersuchungszeiträume sind bewusst eine Woche vor dem jeweiligen Auslöse- bzw. Schlüsselereignis angesetzt, um die Vorberichterstattung mit zu erfassen. Beim Tibetkonflikt wird der 49. Jahrestag des tibetischen Aufstandes am 10. März 2008 als Auslöseereignis festgelegt, beim Sichuan-Erdbeben das Erdbeben am 12. Mai 2008, bei den Olympischen Spielen die Eröffnungsfeier am 8. August 2008.

6.4.2 Untersuchungsmaterial

Für die Analyse der deutschen Chinaberichterstattung 2008 werden die drei überregionalen Abonnement-Tageszeitungen[54] *SZ*, *FAZ* und *Die Welt* untersucht. Sie erscheinen an sechs Tagen der Woche außer sonntags.

Die Entscheidung für diese Medien erfolgt aus folgenden Gründen: Tageszeitungen berichten differenziert, aktuell und gleichzeitig unter Einbezug von Hintergrundberichterstattung (vgl. Rössler 2005: 62). Die hier untersuchten Zeitungen haben eine hohe Reichweite durch ihr überregionales Verbreitungsgebiet. Sie decken das politische Spektrum von gemäßigt links (*SZ*) über gemäßigt rechts (*FAZ*) bis rechts-konservativ (*Die Welt*) ab. Sie gelten als Meinungsführer innerhalb des politischen Journalismus (vgl. Pürer/Raabe 2007: 413; Wilke 2009: 471 ff.; Nafroth 2002: 91 f.) und legen besonders im Politikressort einen Schwerpunkt auf Auslandsberichterstattung. Für die vorliegende Inhaltsanalyse werden die drei überregionalen Zeitungen mit der höchsten Auflage berücksichtigt (vgl. IVW 2011).

[54] Eine Tageszeitung ist geprägt durch die Merkmale Aktualität, Publizität, Periodizität und Universalität, das heißt, sie stellt regelmäßig und aktuell mittels thematisch vielfältiger Berichterstattung Öffentlichkeit in einem bestimmten Verbreitungsgebiet her. Als überregional gilt eine Tageszeitung, trotz mitunter lokalem Bezugspunkt, wenn der überwiegende Teil ihrer Auflage außerhalb ihres Kernverbreitungsgebiets abgesetzt wird (vgl. Mast 2008: 19; Wilke 2009: 471 f.). Dabei wird zwischen überregionalen Abonnementszeitungen und überregionalen Straßenverkaufs- oder Boulevardzeitungen unterschieden (vgl. Maurer/Reinemann 2006: 72).

Die *Süddeutsche Zeitung* (*SZ*) wird seit 1945 in München herausgegeben (vgl. Meyn 2001: 105) und weist von allen überregionalen Zeitungen die höchste verkaufte Auflage auf (vgl. IVW 2011). Die *SZ* gilt als gemäßigt links (vgl. Pürer/Raabe 2007: 413) bzw. links-liberal (vgl. Nafroth 2002: 92). Sie beschreibt sich selbst als „meinungsbildendes Medium mit lokaler und regionaler Verankerung“, dem „die Prinzipien Liberalität, Toleranz und redaktionelle Unabhängigkeit besonders wichtig“ seien (Süddeutscher Verlag 2009). Die Leserschaft bzw. Zielgruppe wird als „gehobene Bildungs- und Business-Schicht“ bezeichnet mit einem sehr hohen Ausbildungsniveau, einer überdurchschnittlich gehobenen Berufsstellung, die wesentlich mehr als der Bundesdurchschnitt verdiene: 48 Prozent stehe ein monatliches Haushalts-Nettoeinkommen von mindestens 3000 Euro zur Verfügung (Süddeutsche Zeitung GmbH 2010: 9). Die *SZ* weist eine umfangreiche Auslandsberichterstattung auf (vgl. Meyn 2001: 105).

Die *Frankfurter Allgemeine Zeitung* (*FAZ*) wird seit 1949 in Frankfurt am Main herausgegeben (vgl. Meyn 2001: 105). Von den hier untersuchten Zeitungen liegt sie mir ihrer Auflage im mittleren Bereich (vgl. IVW 2011). Sie wird als gemäßigt rechts eingeordnet (vgl. Pürer/Raabe 2007: 413), wobei der Politikteil als CDU/CSU-freundlich, der Wirtschaftsteil als unternehmerfreundlich eingeschätzt wird, der Kulturteil als meinungsvielfältig (vgl. Meyn 2001: 105; vgl. Nafroth 2002: 92). Die Leserschaft bestehe überwiegend aus Fach- und Führungskräften der Wirtschaft (Frankfurter Allgemeine Zeitung GmbH 2009: 3), „mit einem überdurchschnittlichen Einkommen, hoher Bildung und einem anspruchsvollen Lebensstil (…), meinungsführend und innovativ sowie beruflich und privat aktiv“ und sich deutlich vom Bevölkerungsdurchschnitt abhebend (ebd: 10). Über 50 Prozent der Leser stehe ein monatliches Haushalts-Nettoeinkommen von mindestens 3000 Euro zur Verfügung (vgl. ebd: 25). Als herausragend gilt das dichte Korrespondentennetz der *FAZ*, das ihr eine von Nachrichtenagenturen relativ unabhängige Berichterstattung ermöglichen soll (vgl. Nafroth 2002: 92; Meyn 2001: 105).

Die Welt wurde 1946 in Hamburg von der britischen Militärregierung gegründet und 1953 vom Axel-Springer-Verlag übernommen. Die Zentralredaktion befindet sich in Berlin (vgl. Nafroth: 93 f; Meyn 2001: 105 f.). Von den hier untersuchten Zeitungen hat sie die geringste Auflage (vgl. IVW 2011). Sie wird als konservativ-rechts eingeordnet (vgl. Pürer/Raabe: 413; Meyn 2001: 106) und bezeichnet sich selbst als „nationale Qualitätszeitung für traditionelle Eliten, die sich Herausforderungen stellen“ (Axel Springer Mediapilot 2009) und richtet sich an „Führungskräfte in Staat und Wirtschaft“ (Meyn 2001: 105) bzw. an eine „Überdurchschnittlich gebildete Leserschaft mit hoher Kaufkraft, vertreten in den Top-Berufsgruppen“ (Axel Springer media impact 2009: 28). 45 Prozent der Leser würden über ein monatliches Haushalts-Nettoeinkommen von mindestens 3000 Euro verfügen (vgl. Axel Springer media impact 2009: 9).

Tabelle 2: Basisdaten zu den überregionalen deutschen Tageszeitungen *Süddeutsche Zeitung*, *Frankfurter Allgemeine Zeitung* und *Die Welt*

	SZ	FAZ	Die Welt
Gründungsjahr	1945	1949	1946
Redaktionsstandort	München	Frankfurt am Main	Berlin
Verkaufte Auflage (Mo-Fr, IV/2011)	407.816 Exemplare	361.583 Exemplare	250.328 Exemplare
Politische Einordnung	Gemäßigt links bzw. links-liberal	Gemäßigt rechts	Rechts-konservativ
Leser/Zielgruppe	‚Gehobene Bildungs- und Business-Schicht' mit hohem Bildungsniveau, überdurchschnittlich hoher Berufsstellung und überdurchschnittlichem Einkommen	‚Fach- und Führungskräfte der Wirtschaft' mit hohem Bildungsniveau, überdurchschnittlichem Einkommen, anspruchsvollem Lebensstil, meinungsführend, innovativ	‚Traditionelle Eliten' vertreten in den Top-Berufsgruppen mit überdurchschnittlich hohem Bildungsniveau, hoher Kaufkraft

Die Beschaffung des Untersuchungsmaterials erfolgte über Archivdatenbanken der Zeitungen[55]. Da in der Inhaltsanalyse auch Bildinhalte relevant sind, wurde auf die kompletten Zeitungsausgaben im pdf-Format zurückgegriffen. Die Suche nach relevanten Artikeln erfolgte nach Stichwörtern über die Suchmaschinen der Datenbanken (für die Vorgehensweise vgl. Codebuch im Anhang).

6.4.3 Analyseeinheit und Stichprobe

Analyseeinheit, also Grundlage für die Codierung im Rahmen der Inhaltsanalyse (vgl. Rössler 2005: 40), ist der einzelne Artikel, der hier in Anlehnung an Rössler (vgl. Rössler 2005: 252 ff.) wie folgt definiert wird: *Ein* Artikel *ist ein redaktioneller Beitrag, der mit einer Überschrift beginnt, welche von einem Textabschnitt gefolgt wird und in der Regel mit einem Autorennamen oder einer Markierung zum Beispiel in Form eines kleinen Kästchens endet. Dachzeilen, Untertitel, Vorspänne, Informations- oder Autorenkästen, Bildunterschriften sowie Bebilderungen werden zum Artikel hinzugezählt* (für Details zu Artikelmerkmalen vgl. Codebuch im Anhang).

Grundsätzlich kommen für die Analyse nur Artikel in Frage, in denen es um Chinaberichterstattung geht, bei denen also ausdrücklich China im Vordergrund steht. Pro Untersuchungszeitraum gelten eigene Aufgreifkriterien: Im ersten Untersuchungszeitraum ist nur Chinaberichterstattung interessant, bei der der Tibetkonflikt im Vordergrund steht, im zweiten Zeitraum nur Chinaberichterstattung zum Sichuan-

[55] Die Zeitungsausgaben der *Welt* sind über die Internetseite des Mediums kostenlos abrufbar, während ein kostenloser und unbegrenzter Zugang der Archive der *SZ* und der *FAZ* über die Internetseite der Staatsbibliothek Hamburg möglich ist.

Erdbeben, im dritten Zeitraum nur Olympia-Chinaberichterstattung, so dass reine Sportberichterstattung ignoriert wird (für die genauen Aufgreifkriterien vgl. Codebuch im Anhang)

Das recherchierte Untersuchungsmaterial ist in zwei Samples aufgeteilt: Das *erste Sample* beinhaltet pro Untersuchungszeitraum eine Vollerhebung aller Artikel mit Chinaberichterstattung zum jeweiligen China-Ereignis. Berücksichtigt werden alle Ressorts, mit Ausnahme redaktioneller Beilagen die mit der Tageszeitung bezüglich ihres Formats und ihrer Erscheinungsweise nichts zu tun haben (wie zum Beispiel das wöchentlich erscheinende *SZ Magazin*) sowie außerredaktionelle Beilagen (wie zum Beispiel die wöchentlich erscheinende *New-York-Times*-Beilage in der *SZ*) und mit Ausnahme von Lokalteilen (wie zum Beispiel der Rhein-Main-Teil in der *FAZ*). Das erste Sample, bestehend aus insgesamt 969 Artikeln, wird inhaltsanalytisch ausschließlich hinsichtlich formaler Kategorien codiert und bildet die Datengrundlage für die Themenzyklusanalyse.

Das *zweite Sample* wird aufgrund der großen Berichterstattungsmenge und der Komplexität der inhaltlichen Kategorien gebildet. Pro Ereignisphase wird jeder zweite Artikel mit der Darstellungsform Bericht herausgefiltert[56], was in Sample 2 eine Stichprobe von 205 Artikeln ergibt. Die andere Hälfte der Artikel wurde im Rahmen dieser Arbeit nicht berücksichtigt.

6.5 Operationalisierung: das Kategoriensystem

Im Folgenden wird dargestellt, wie die zentrale Forschungsfrage und die daraus resultierenden Hypothesen in messbare Kategorien[57] umgesetzt werden. Für die Kategorienbildung werden die in den Hypothesen enthaltenen zentralen theoretischen Konstrukte (wie zum Beispiel eine Eingeschränkte Quellenlage) in Kriterien aufgeteilt, von denen Indikatoren[58] (beispielsweise eine geringe Quellenanzahl) im Untersuchungsmaterial zu finden sind (vgl. Früh 2007: 46 und 88; für die Zuordnung der Kategorien zu den Hypothesen vgl. Kapitel 7.3, Tabelle 8).

---

[56] Die Auswahl von Artikeln mit der Darstellungsform Bericht basiert auf Erfahrungen während der Pretest-Durchführung: In Berichten erfolgen anscheinend mehr Quellennennungen, da diese nachrichtlicher aufgebaut sind als zum Beispiel Reportagen oder Rezension. Da Quellen intensiv untersucht werden sollen, kommen Darstellungsformen, in denen auf Quellennennungen weniger Wert gelegt wird, nicht in Frage. Zwar wären auch Artikel mit der Darstellungsform Kommentar interessant gewesen, da hier mehr kontextualisiert wird. Hier fehlen aber wiederum oft Quellennennungen.

[57] Kategorien sind „die exakte Definition dessen, was erhoben bzw. gemessen werden soll“ (Brosius/Koschel 2001: 173) bzw. die formalen und inhaltlichen Kriterien, die an das Untersuchungsmaterial angelegt werden. Die Codes, die pro Kategorie vorgesehen sind, werden als Ausprägungen bezeichnet (vgl. Rössler 2005: 19).

[58] Mit Indikatoren sind die empirischen Äquivalente von Kriterien gemeint, die im Untersuchungsmaterial relevant sind und interpretiert werden müssen, um die Forschungsfrage zu beantworten, aber nicht „direkt sinnlich wahrnehmbar“ sind (Früh 2007: 88; vgl. auch Brosius/Koschel 2001: 43).

Die Kategorienbildung erfolgt sowohl auf Basis der Theorie (vgl. Früh 2007: 153 ff.), als auch empiriegeleitet (vgl. Früh: 156 ff.), also durch eine erste Sichtung des Untersuchungsmaterials (vgl. Brosius/Koschel 2001: 191). Bei komplexen theoretischen Konstrukten sind mehrere Codiereinheiten zur Messung erforderlich (vgl. Rössler 2005: 93).

Zur Gewährleistung von Reliabilität und Validität einer Inhaltsanalyse müssen sowohl Kategorien als auch Indikatoren *vollständig* sein, indem ihre Ausprägungen alle Möglichkeiten eines theoretischen Konstrukts abdecken; *trennscharf* sein, indem gewährleistet wird, dass ein Aspekt im zu untersuchenden Medienmaterial einer Kategorie eindeutig zugeordnet werden kann; *exklusiv* sein, indem durch die Kategorien ausschließlich der relevante Sachverhalt und keine für das theoretische Konstrukt irrelevanten Aspekte gemessen werden (vgl. Rössler 2005: 93 ff.; Früh 2007: 88; Bonfadelli 2002: 90).

Auf diesen Vorüberlegungen basiert das folgende Kategoriensystem[59] (für eine detaillierte Version vgl. Codebuch im Anhang):

Tabelle 3: Kategoriensystem

Nr.	Bezeichnung und Erläuterungen der Kategorien
1. Formale Kategorien (überprüft an Sample 1)	
K01	*Medium*: Name der überregionalen Tageszeitung, aus der der Artikel stammt
K02	*Datum*: Publikationsdatum der Zeitung
K03	*Artikelnummer*: Fortlaufende Nummerierung relevanter Artikel
K04	*Seitenzahl*: Seite, auf der der Artikel in der Zeitung platziert ist
K05	*Ereignis*: China-Ereignis, in dessen Untersuchungszeitraum der Artikel fällt
K06	*Umfang des Artikels*: Artikellänge (inklusive Titel, Untertitel, Informationskästen, Bildunterschriften etc.), gemessen in Zeichen inkl. Leerzeichen. Anschließend Zuordnung zu den Ausprägungen (zum Beispiel Sehr klein bei weniger als 1000 Zeichen)
K07	*Ressort*: Rubrik, in der der Artikel platziert ist
K08	*Darstellungsform*: Journalistische Stilform des Artikels
K09	*Verfasser*: Autor des Artikels, erkennbar an der Autorenzeile bzw. am Agenturkürzel
K10	*Anzahl der Bilder*: Bebilderung in Form von Fotografien oder Illustrationen,

[59] Das Kategoriensystem als Messinstrument der Inhaltsanalyse ist unterteilt in formale Kategorien, also „physisch manifeste Sachverhalte, die sich meist durch messen, zählen oder Transkription erheben lassen und keine Inferenzen des Codierers erfordern“ (Rössler 2005: 104) sowie in inhaltliche Kategorien, „die vom Erkenntnisinteresse abhängigen Bedeutungsdimensionen, deren Klassifikation der Inferenz des Codierers bedarf“ (ebd: 121). Im Codebuch für die praktische Umsetzung der Untersuchung ist das detailliert erläuterte Kategoriensystem sowie alle Anweisungen inklusive der Codierregeln enthalten (vgl. ebd: 87 ff.; für die vorliegende Studie vgl. Codebuch im Anhang).

die dem Artikel eindeutig zugeordnet werden können, festgehalten als Zahlenwert

2. Inhaltliche Kategorien (überprüft an Sample 2)

K11 *Berichterstattungsorte*: Orte, an denen sich ein im Artikel behandeltes Geschehen bzw. eine Handlung abspielt. Sie werden in zweierlei Hinsicht erfasst:

K11.1 *Berichterstattungsländer*: Länder, in denen sich ein im Artikel behandeltes Geschehen bzw. eine Handlung abspielt. Die Ortsmarke wird nicht berücksichtigt, weil daraus nicht automatisch auf den tatsächlichen Handlungsort geschlossen werden kann (vgl. Kapitel 3.2). Codiert werden aus forschungsökonomischen Gründen maximal die ersten sechs erwähnten Länder.

K11.2 *Chinesische Regionen*: Die maximal ersten sechs erwähnten chinesischen Regionen, in denen sich ein Geschehen bzw. eine Handlung abspielt. Die Ausprägungen sind strukturiert nach den Verwaltungseinheiten der VR China auf Provinzebene (vgl. Staiger et al 2008: 577): 22 Provinzen, 5 Autonome Gebiete, 4 regierungsunmittelbare Städte, 2 Sonderverwaltungsregionen.

K12 *Thematischer Sachbereich des Artikels*: Die allgemeine Themenzugehörigkeit des Artikels, in ausschließlicher Orientierung an dessen Hauptthema (worum es im Artikel hauptsächlich geht, was zu Beginn des Beitrags deutlich wird). Hinweise können Sachbereiche von Akteuren geben, das Ressort alleine aber nicht. Für die Codierung liegen beispielsweise Ausprägungen vor wie Kultur, Wissenschaft und Gesellschaft/Soziales.

K13 *Deutschlandbezug*: Codiert wird, ob der Artikel insgesamt eine Bezugnahme auf Deutschland beinhaltet, zum Beispiel durch die Erwähnung deutscher Akteure, der chinesisch-deutschen Beziehungen etc.

K14 *Akteure*: Handlungsträger (Person, Personengruppe, Land, Unternehmen, Institution), deren Handlung beschrieben bzw. der direkt oder indirekt zitiert wird. Urheber von Aussagen werden ebenfalls als Akteure definiert[60]. Relevant sind maximal die ersten sechs erwähnten Akteure, die nach folgenden Kriterien untersucht werden:

K14.1 *Sachbereich des Akteurs*: Der Bereich, in dem der Akteur im Artikel seine Hauptfunktion hat (Rolle, Funktion, Position oder Beruf). Für die Codierung liegen beispielsweise Ausprägungen vor wie Politik und Staat, Wirtschaft/Finanzen, Wissenschaft und Militär/Polizei.

[60] Urheber von Aussagen können an anderer Stelle auch als Quelle definiert werden. Mögliche Überschneidungen zwischen Akteur und Quelle werden aber nicht als bedenklich erachtet, da beide Kategorien getrennt ausgewertet werden und keinen Einfluss aufeinander haben.

K14.2 *Herkunft des Akteurs*: Herkunftsland bzw. -region des Akteurs. Es liegen nur wenige Ausprägungen vor, da für die Überprüfung der Nationalisierten Perspektive bloß die Unterscheidung zwischen chinesischer und deutscher Herkunft relevant ist (vgl. Kapitel 3.2).

K14.3 *Status des Akteurs*: Erfasst wird, ob es sich um einen Elite-Akteur handelt oder nicht. Elite-Akteure zeichnen sich hier durch einen hohen Bekanntheitsgrad und/oder mit Einfluss in einem bestimmten Funktionssystem aus (vgl. Definition von Elite in Kapitel 3.6).

K15 *Quellen*: Die Herkunft einer Information als Institution oder Person, die dem Verfasser Fakten bzw. Meinungen liefert (zur Definition von Quelle vgl. Kapitel 3.1). Hinweis auf eine Quellenangabe können Formulierungen sein wie ‚teilte mit', ‚nach Angaben von'. Auch Verursacher von Aussagen werden als Quelle gewertet. Grundsätzlich sind Primärquellen relevant, nicht die von einer Quelle genannte Quelle. Pro Artikel werden aus forschungsökonomischen Gründen maximal die ersten sechs erwähnten Quellen codiert.

K15.1 *Anzahl der Quellen*: Festhaltung *aller* verschiedenen Quellennennungen als Zahlenwert.

K15.2 *Art der Quelle*: Sachbereich, dem die Quelle zuzuordnen ist, in Orientierung am Urheber der Quelle, nicht an der Darstellungsform der Quelleninhalte (zum Beispiel Statistik, Pressemitteilung, Dissertation). Für die Codierung gibt es Ausprägungen wie zum Beispiel Staatliche politische Quellen, Nichtstaatliche Verbände und Organisationen oder Nachrichtenagentur.

K15.3 *Herkunft der Quelle*: Herkunftsland bzw. Herkunftsregion der Quelle. Die Quellenherkünfte sind stärker ausdifferenziert, um die Quellenvielfalt feststellen zu können (vgl. Kapitel 3.1). Es liegen Ausprägungen vor wie zum Beispiel chinesische, tibetische, deutsche Herkunft.

K16 *Krisenberichterstattung*: Erfasst wird, ob und welche Art von Krisenberichterstattung in einem Artikel enthalten ist, in alleiniger Orientierung am Hauptthema. Der Anlass, der immer das jeweilige China-Ereignis ist, wird nicht berücksichtigt, da damit beim Sichuan-Erdbeben und Tibetkonflikt automatisch eine Krise enthalten wäre. Das würde aber das Ergebnis verfälschen, wenn im Artikel zum Beispiel ein Zusammenhang erläutert wird, der keine Krisenberichterstattung beinhaltet. Erfasst werden folgende Aspekte:

K16.1 *Art der Krise*: Ob pro Artikel ein gewaltloser Konflikt, Krieg (Gewaltkonflikt) und/oder eine Katastrophe vorliegt (vgl. Krisendefinition in Kapitel 3.4). Mehrfachnennungen sind möglich.

K16.2 *Darstellung der Krise*: Ob pro vorkommendem Krisentyp die positive Seite dargestellt wird (zum Beispiel die Beendigung oder Lösung einer Krise) oder die negative Seite

K16.3 *Krisendarstellung auf Bildern*: Falls der Artikel bebildert ist, ob auf den maximal ersten sechs Bildern eine Krisensituation zu sehen ist (zum Beispiel streitende Personen, Gewaltausschreitungen, Bergung von Erdbebenopfern).[61]

K17 *Anteil an Hintergrundberichterstattung*: Kontextanteil des Artikels (zur Definition von Hintergrundberichterstattung vgl. Kapitel 3.7), festgestellt am Gesamtumfang aller Textteile, die als Hintergrundberichterstattung eingestuft werden, in Relation zum Gesamtumfang des Artikels. Der berechnete Kontextanteil wird Ausprägungen zugeordnet wie Sehr ausführlich (mehr als 50 %) oder Keine (0 bis 1 %).

K18 *Charakterisierung und Bewertung des Akteurs ‚China'*: Wie China dort, wo es im Artikel als Akteur auftaucht, als Gesamtheit eingeschätzt wird. Taucht China mehrmals auf, werden alle Nennungen berücksichtigt. Für die Codierung liegen als Ausprägungen vor: Positiv (wenn der Akteur ‚China' ausschließlich im positiven Kontext ohne jegliche negativen Aspekte vorkommt), Negativ (wenn der Akteur ausschließlich im negativen Kontext ohne jegliche positiven Aspekte vorkommt), Ambivalent (wenn positive *und* negative Aspekte vorkommen) oder Entfällt (wenn ‚China' als Akteur nicht vorkommt oder keine Bewertung zu erkennen ist).

K19 *Chinakritische Themen*: Problemthemen, die im gesamten Artikel impliziert, angedeutet und/oder direkt genannt werden. Für die Codierung liegt eine Themenliste vor mit 37 Themen, zum Beispiel ‚Chinas Zusammenarbeit mit dem Sudan' oder ‚Die chinesische Regierung gegen ethnische/religiöse Minderheiten'. Pro Thema wird geprüft, ob es im Artikel vorkommt. Die Generierung der Themen basiert auf Inhaltsanalysen zur Chinaberichterstattung (vgl. Kapitel 2) sowie auf einer ersten Sichtung des Untersuchungsmaterials.

Die oben dargestellt Endversion des Kategoriensystem als Messinstrument der Inhaltsanalyse basiert auf einem ersten Entwurf, der im Rahmen eines Pretests überprüft wurde. Die Ergebnisse, durch die auf die Reliabilität und Validität geschlossen werden kann, werden im folgenden Kapitel dargestellt.

[61] Analysen von Pressefotografie erfolgen in der Regel weitaus komplexer. Durch die Ikonografische Methode zum Beispiel wird der Gesamtkontext des Bildes erfasst. Dazu wird das Bild in einzelne Analyse-Ebenen unterteilt (Gestaltung im Zeitungskontext, Motiv, Elemente, Inhalt, Thema, Darstellungsweise; vgl. Grittmann 2001: 272). In der vorliegenden Arbeit erfolgt die Bildanalyse simpler: Zum einen werden formale Aspekte erhoben (Anzahl der Bilder). Zum anderen wird auf den Bildinhalt eingegangen (Krisendarstellung auf Bildern), indem pro Bild festgehalten wird, ob das Element Krise vorhanden ist oder nicht. Alle anderen möglichen Analyse-Ebenen werden außer Acht gelassen sowie auf Interpretationen und Bedeutungszuweisungen grundsätzlich verzichtet.

6.6 Reliabilität und Validität des Messinstruments

Bei der *Reliabilitätsüberprüfung* im Rahmen einer Probecodierung (Pretest) wird in dieser Arbeit allein die Intracoder-Reliabilität gemessen, da bei dieser Untersuchung nur die Autorin codiert hat. Geprüft wird der Grad der Übereinstimmung bei den Codierungen, ob also die Codiererin bei zwei zeitlich auseinanderliegenden Untersuchungsdurchläufen bei derselben Kategorie denselben Code vermerkt (vgl. Rössler 2005: 186). Untersucht wird eine Stichprobe von 36 Artikeln aus allen drei Medien und aus allen drei Untersuchungszeiträumen, womit der Mindestwert von 30 bis 50 Codierungen pro Kategorie für eine Beurteilung der Intracoder-Reliabilität eingehalten wird, zumal bei vielen Kategorien mehr als eine Codierung erfolgt (vgl. Früh 2007: 189).

Die Berechnung des Reliabilitätskoeffizienten nach Holsti[62] pro Kategorie (vgl. Rössler 2005: 190 ff.) führte bei den meisten formalen Kategorien aus der ersten Kategoriensystem-Version zu einem guten Ergebnis[63]: Bei sieben von zehn Kategorien betrug der Reliabilitätskoeffizient 1,0. Bei den formalen Kategorien K07 Ressort und K08 Darstellungsform wurde jeweils ein Koeffizient von 0,97 erreicht, so dass die Codieranweisungen an dieser Stelle noch einmal präzisiert werden mussten. Die Ergebnisse bei den inhaltlichen Kategorien fielen zunächst teilweise weniger gut aus. Keine der inhaltlichen Kategorien kam auf einen Reliabilitätskoeffizienten von 1,0. Immerhin wiesen 14 von 16 Kategorien einen Reliabilitätskoeffizienten von über 0,8 auf und lagen damit über dem von Rössler angemerkten Mindestwert (vgl. Rössler 2005: 192). Ausnahmen stellen die Kategorien K15.2 Art der Quelle (zwölf Ausprägungen) mit 0,69 und K17 Anteil an Hintergrundberichterstattung (drei Ausprägungen) mit 0,6 dar. Bei allen inhaltlichen Kategorien fand also nach dem Pretest entsprechend eine Präzisierung der Codierregeln statt (für Details vgl. Pretest-Ergebnisse im Anhang).

Im Gegensatz zur Reliabilität, die sich auf die Zuverlässigkeit des Messinstruments zu jedem Zeitpunkt der Messung bezieht, ist mit der *Validität* gemeint, ob durch die Messung überhaupt das, was laut Forschungsfrage und Hypothesen gemessen werden soll, gemessen wird (vgl. Rössler 2005: 183 ff.; Früh 2007: 196). Ob Ergebnisse valide, also im Kontext des Forschungsprozesses inhaltlich richtig sind, lässt sich auf verschiedenen Ebenen diskutieren:

---

[62] Die Formel nach Holsti lautet: CR = 2 * CÜ/(CA + CB), wobei CR den Reliabilitätskoeffizient der Codierung darstellt, CÜ die Zahl übereinstimmender Codierungen, CA die Zahl der Codierungen vom Codierer zum Zeitpunkt A und CB die Zahl der Codierungen vom Codierer zum Zeitpunkt B (vgl. Rössler 2005: 190).

[63] Die Interpretation des Pretest-Ergebnisses basiert auf folgender Einschätzung von Rössler: „Die Beurteilung von Reliabilitätskoeffizienten kann nur anhand des Schwierigkeitsgrades der jeweiligen Kategorie erfolgen; tendenziell sind für inhaltliche Kategorien Werte ab .80, für formale Kategorien Werte nahe 1.0 zu fordern." (Rössler2005: 192) Bei einer Kategorie mit vielen möglichen Ausprägungen sind „eher moderate Koeffizienten akzeptabel" (ebd: 193).

Die *Analysevalidität* als Reliabilitätsprüfung zwischen Forschern und Codierern ist die einzige quantifizierbare Validitätsprüfung. Da diese Untersuchung allein von der Forscherin durchgeführt wird, gibt es keine Diskrepanzen zwischen ihren Codierungen und denen anderer Codierer. Eine Analysevalidität wird also als gewährleistet angesehen.

Bei der *Inhaltsvalidität* geht es um die vollständige Abbildung der zu messenden Konstrukte durch das Messinstrument, also dass keine Dimensionen und Aspekte vernachlässigt werden. Dies wird durch eine angemessene Bildung von Kategorien und deren Ausprägungen gewährleistet. Ergebnisse sind inhaltsvalide, wenn auf Ausprägungen wie Nicht entscheidbar oder Sonstiges kaum zurückgegriffen werden muss. Im Pretest wurde keine Häufung dieser Ausprägungen festgestellt. Auch wird in dieser Arbeit jedes komplexe theoretische Konstrukt durch mehrere Kategorien gemessen. Es wird daher von einem inhaltsvaliden Messinstrument ausgegangen.

Kriteriumsvalidität meint die Plausibilitätprüfung der Ergebnisse. Dazu werden diese mit externen Quellen verglichen, zum Beispiel mit Ergebnissen anderer Inhaltsanalysen. Kommt es in der eigenen Arbeit zu überraschenden, neuartigen Ergebnissen, müssen diese plausibel erklärt werden.

Auch bezüglich der *Inferenzvalidität* werden externe Quellen zu Rate gezogen, um zu vergleichen, ob die aus der Inhaltsanalyse resultierenden Referenzschlüsse Gültigkeit besitzen. Wie valide die Ergebnisse im Vergleich zu externen Quellen sind, kann also erst im Nachhinein beurteilt werden.

Zusammenfassend kann gesagt werden, dass bei dieser Inhaltsanalyse von Beginn an versucht wurde, eine größtmögliche Reliabilität und Validität zu erreichen. So werden Ergebnisse aus früherer Forschung berücksichtigt, diverse Modifizierungen während der Entwicklung der Kategorien und des Codebuchs vorgenommen, Probecodierungen durchgeführt und die eigene Operationalisierung mit Kategoriensystemen anderer Inhaltsanalysen verglichen. Es wird also davon ausgegangen, dass das entwickelte Messinstrument der Inhaltsanalyse das misst, was laut Forschungsfrage und Hypothesen gemessen werden soll, und dass auch nach einem zweiten Durchgang dasselbe Ergebnis erzielt werden würde.

Auf Basis dieser Überlegungen erfolgte im November/Dezember 2009 und Januar 2010 die Untersuchungsdurchführung sowie die Auswertung und Interpretation der Daten. Die Resultate der Analyse werden im folgenden Kapitel vorgestellt.

7 Ergebnisse der Untersuchung

In diesem Kapitel werden die Ergebnisse der Inhaltsanalyse und der Themenzyklusanalyse dargestellt, interpretiert und die jeweiligen Hypothesen (vgl. Kapitel 6.2) entsprechend überprüft.

Als erstes erfolgt zur Orientierung die Vorstellung der allgemeinen Ergebnisse und der Resultate der Themenzyklusanalyse. Anschließend werden anhand der Inhaltsanalyseergebnisse zunächst die Unterhypothesen überprüft, danach zusammenfassend die Haupthypothesen H 1 bis H 5 (für detaillierte Auswertungen vgl. Tabellen und Abbildungen im Anhang).

7.1 Allgemeines

7.1.1 Anzahl der untersuchten Artikel

Für Sample 1 wurden insgesamt 969 Artikel mit Chinaberichterstattung codiert: 24,5% der Artikel zum Tibetkonflikt, 13,2% zum Sichuan-Erdbeben und 62,3% zu den Olympischen Spielen. Insgesamt liegt also keine proportionale Verteilung der Artikel vor. Die Verteilung je nach Medium ist etwas regelmäßiger: 39,3% der Beiträge stammen aus der *SZ*, 32,9% aus der *FAZ* und 27,8% aus der *Welt*.

Für Sample 2 kamen an Artikeln mit der Darstellungsform Bericht 394 Artikel in Frage. Davon wurde pro Ereignisphase jeder zweite Artikel für die weitere Codierung ausgewählt, was 205 Artikel ergab. Davon entfallen 32,7% der Artikel auf den Tibetkonflikt, 18,5% auf das Sichuan-Erdbeben und 48,8% auf die Olympischen Spiele. Die Verteilung der Artikel je nach Ereignis erfolgt in Sample 2 also etwas gleichmäßiger als in Sample 1. 37,1% der Beiträge stammen in Sample 2 aus der *SZ*, 38,0% aus der *FAZ* und 24,9% aus der *Welt*.

7.1.2 Umfang der Berichterstattung

In der vorliegenden Arbeit wird der Berichterstattungsumfang nicht an der Anzahl der Artikel, sondern an der Zeichenanzahl (inklusive Leerzeichen) gemessen. Dies wird als aussagekräftiger angesehen. Betrachtet man allein die Artikelanzahl, würde zum Beispiel nicht deutlich werden, ob womöglich sehr viele kurze Artikel dabei sind, so dass die Berichterstattung gar nicht so umfangreich wäre, wie die Artikelanzahl vermuten ließe. Tatsächlich weichen die Daten zum Umfang leicht von der oben dargestellten Verteilung je nach Artikelanzahl ab.

Beim Vergleich des Umfangs zeigt sich, dass den China-Ereignissen unterschiedlich viel Aufmerksamkeit geschenkt wird (vgl. Tabelle 4):

Tabelle 4: Je nach Medium und Chinaereignis: Umfang der Berichterstattung

	Berichterstattungsumfang Tibetkonflikt	Berichterstattungsumfang Sichuan-Erdbeben	Berichterstattungsumfang Olympische Spiele
SZ	22,6%	10,4%	67,0%
FAZ	30,2%	10,2%	59,7%
Die Welt	25,1%	14,0%	60,9%
Gesamt	26,0%	11,2%	62,9%

In Sample 1, gemessen am Gesamtumfang (Summe der Zeichenanzahl inkl. Lehrzeichen aller drei Ereignisse).
SZ (n = 1.353.693), FAZ (n = 1.267.448), Die Welt (n = 775.902), Gesamt (n = 3.397.043)

Insgesamt liegt in Sample 1 ein Berichterstattungsumfang von 3.397.043 Zeichen vor. Davon entfällt der größte Teil auf die Olympischen Spiele. Mit 62,9% wird über die Sportveranstaltung am umfangreichsten berichtet, deutlich weniger als über den Tibetkonflikt (26%), obwohl hier der Untersuchungszeitraum länger ist. Am wenigsten wird auf das Sichuan-Erdbeben eingegangen (11,2%). Pro Medium spiegelt sich eine ähnliche Verteilung pro Ereignis wider.

7.2 Ergebnisse der Themenzyklusanalyse

Im Folgenden werden die in Phasen eingeteilten Themenzyklen je nach Ereignis und Medium vorgestellt. Die Einteilung erfolgt mithilfe der Grafischen Themenzyklusanalyse nach Kolb (vgl. Kapitel 4.4), nach der pro Ereignis Berichterstattungsumfang und Zeit miteinander in Relation gesetzt sowie die einzelnen Messwerte zu Graphen verbunden werden. Diese Graphen stellen die Themenverläufe dar.

Hinzuweisen ist an dieser Stelle auf Lücken, die die Themenzyklen teilweise aufweisen aufgrund von nicht erschienenen Zeitungsausgaben an Feiertagen. Diese Lücken wurden mit aufgenommen, da die Zeitungen mit Feiertagen unterschiedlich umgehen, so dass es vorkommen kann, dass ein Medium erscheint, ein anderes nicht. Das Aggregationsniveau ist bei allen Themenverläufen dasselbe, da es sich bei der Zeiteinteilung stets um Tages-Intervalle handelt.

7.2.1 *Themenzyklen des China-Ereignisses Tibetkonflikt*

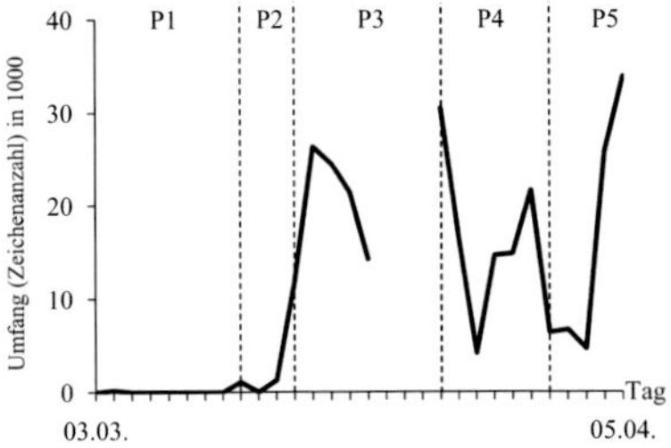

Abbildung 4: Tibetkonflikt: Themenzyklus *SZ*

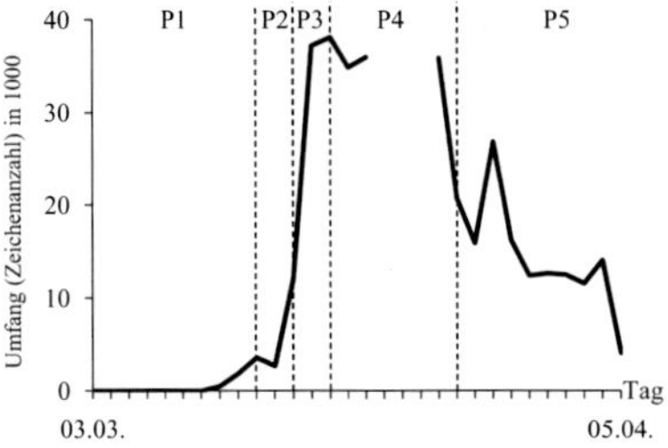

Abbildung 5: Tibetkonflikt: Themenzyklus *FAZ*

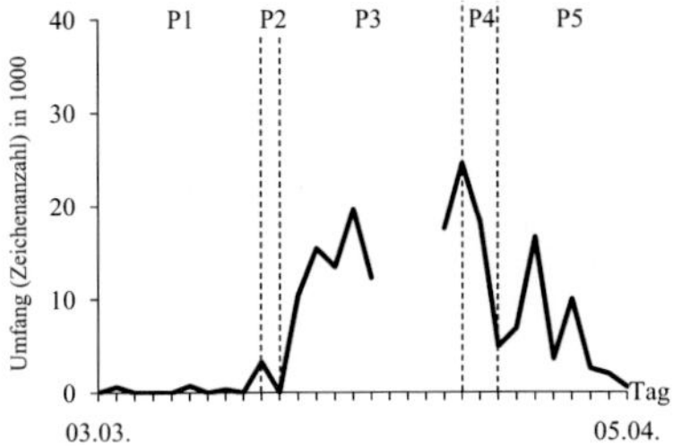

Abbildung 6: Tibetkonflikt: Themenzyklus *Die Welt*

Deutlich wird bei allen drei Zeitungen, dass der Berichterstattungshöhepunkt im zweiten bis dritten Drittel des Verlaufs stattfindet, also nicht direkt nach dem Auslöseereignis am 10. März 2008, wie es zum Beispiel beim Sichuan-Erdbeben und bei den Olympischen Spielen der Fall ist. Bloß bei der *FAZ* ist eine relativ plötzliche Intensivierung der Berichterstattung erkennbar. Dort weist der Graph in der Woche nach dem Auslöseereignis eine extreme Steigung auf. Auch liegt dort das Absolute Maximum weiter vorne als bei den anderen Zeitungen.

Bei der *SZ* und bei der *Welt* zum Beispiel baut sich die Berichterstattung über einen langen Zeitraum hinweg zum Höhepunkt auf. Dies ist an der sehr langen Phase P3 abzulesen. Der Berichterstattungsumfang steigt nicht so plötzlich an wie bei der *FAZ*. Bei letzterer bleibt der Umfang selbst in P4 noch auf einem sehr hohen Niveau.

Eine weitere Besonderheit ist, dass in P1 kaum Berichterstattung stattfindet, obwohl schon vor dem 10. März 2008 bekannt war, dass dann der 49. Jahrestag des tibetischen Aufstands stattfinden würde und Proteste zu erwarten wären. Das weist darauf hin, dass das spätere Ausmaß des Konflikts von den Medien nicht vorausgesehen wurde. Zusammenfassend kann für das China-Ereignis Tibetkonflikt pro Medium folgende Phaseneinteilung festgestellt werden:

Tabelle 5: Phaseneinteilung beim Tibetkonflikt je nach Medium

	SZ	FAZ	Die Welt
P1	03.03. bis 11.03.	03.03. bis 12.03.	03.03. bis 12.03.
P2	12.03. bis 14.03.	13.03. bis 14.03.	13.03.
P3	15.03. bis 24.03.	15.03. bis 17.03.	14.03. bis 25.03.
P4	25.03. bis 31.03.	18.03. bis 25.03.	26.03. bis 27.03.
P5	01.04. bis 05.04.	26.03. bis 05.04.	28.03. bis 05.04.

7.2.2 Themenzyklen des China-Ereignisses Sichuan-Erdbeben

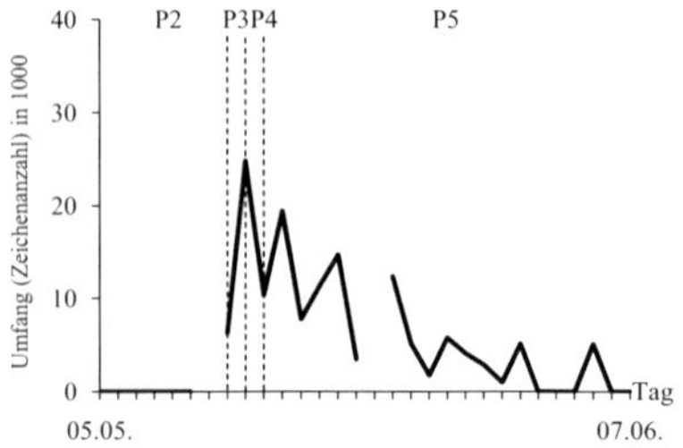

Abbildung 7: Sichuan-Erdbeben: Themenzyklus *SZ*

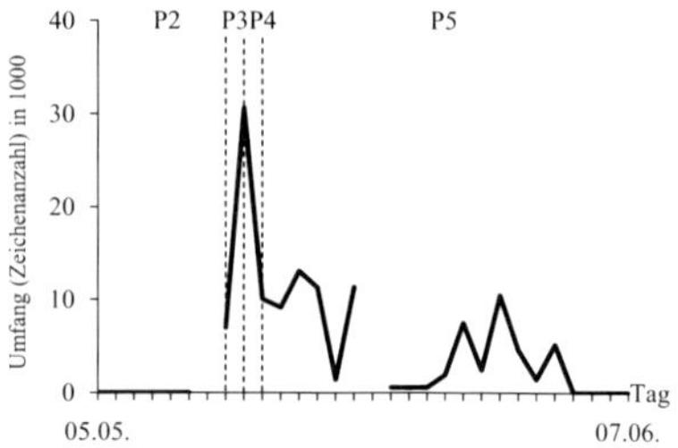

Abbildung 8: Sichuan-Erdbeben: Themenzyklus *FAZ*

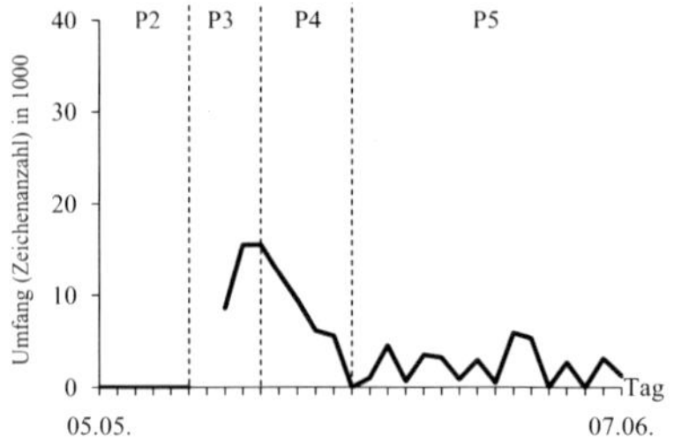

Abbildung 9: Sichuan-Erdbeben: Themenzyklus *Die Welt*

Beim Sichuan-Erdbeben fällt in allen Medien die erste Phase weg. Grund dafür ist ein Feiertag am 12. Mai, an dem keine Zeitung erschienen ist und damit ein mögliches Relatives Maximum fehlt. Die Verläufe beginnen daher gleich mit P2.

Deutlich wird bei diesem Ereignis, dass unmittelbar nach dem Auslöseereignis besonders umfangreich über China in Bezug auf das Sichuan-Erdbeben berichtet wird. Die Steigung des Graphen ist schnell; die Berichterstattung entwickelt sich von gar keiner Berichterstattung direkt zum Höhepunkt. Diese Eigenschaft ist besonders stark bei der *SZ* und bei der *FAZ* ausgeprägt, bei der *Welt* etwas schwächer. Danach flaut die Berichterstattung ab, bewegt sich aber noch lange Zeit auf einem mittleren, langsam absinken Niveau. Das ist an Phase P5 abzulesen, die sich bei allen Zeitungen über mehrere Wochen zieht, also sehr lange dauert. Am letzten Untersuchungstag befindet sich der Berichterstattungsumfang bei der *SZ* und bei der *FAZ* auf dem Nullpunkt, bei der *Welt* auf einem ebenfalls sehr niedrigen Niveau. Das Ereignis scheint also am 7. Juni tatsächlich (nahezu) abgeschlossen zu sein.

Zusammenfassend kann für das Ereignis Sichuan-Erdbeben folgende Phaseneinteilung pro Medium festgestellt werden:

Tabelle 6: Phaseneinteilung beim Sichuan-Erdbeben je nach Medium

	SZ	FAZ	Die Welt
P1	-	-	-
P2	05.05. bis 10.05.	05.05. bis 10.05.	05.05. bis 09.05.
P3	13.05.	13.05.	10.05. bis 14.05.
P4	14.05.	14.05.	15.05. bis 20.05.
P5	15.05. bis 07.06.	15.05. bis 07.06.	21.05. bis 07.06.

7.2.3 Themenzyklen des China-Ereignisses Olympische Spiele

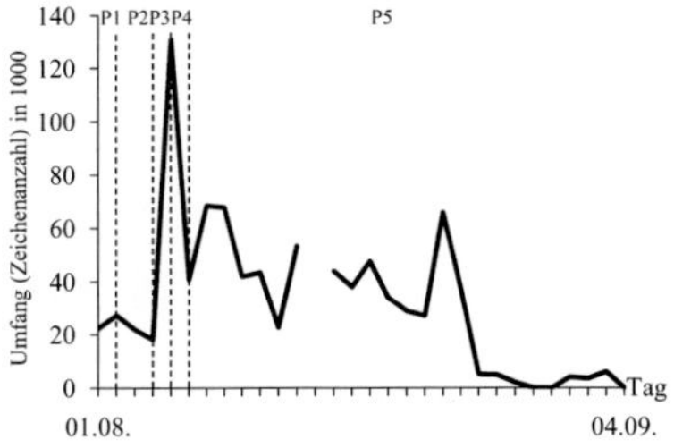

Abbildung 10: Olympische Spiele: Themenzyklus *SZ*

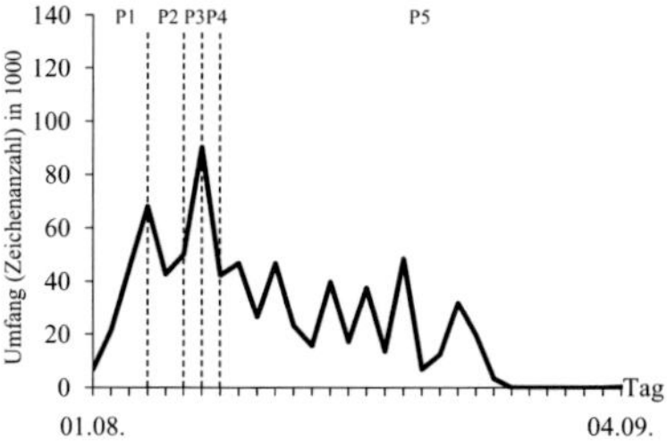

Abbildung 11: Olympische Spiele: Themenzyklus *FAZ*

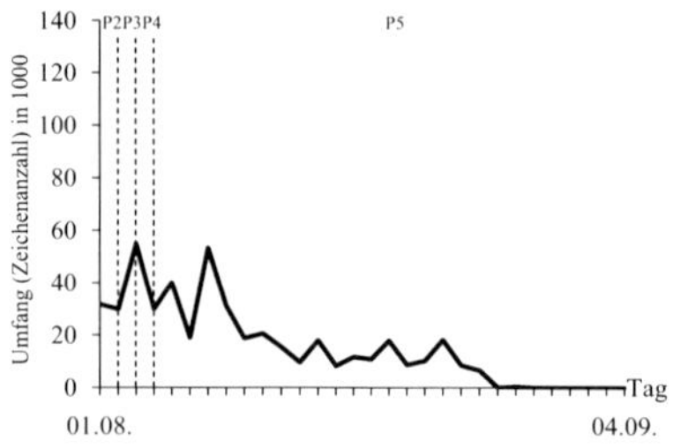

Abbildung 12: Olympische Spiele: Themenzyklus *Die Welt*

Bei allen Medien liegt zu Beginn des Untersuchungszeitraums Olympische Spiele ein hoher Berichterstattungsumfang vor. Die Phasen P1 bis P4 sind sehr kurz, viele nur einen Tag lang. Hingegen ist Phase P5, die oft länger als vier Wochen dauert, sehr lang und setzt früh innerhalb des ersten Drittels bzw. Viertels ein. Bei der *Welt* erfolgt das Absolute Maximum schon am 4. August, also vor der Eröffnungsfeier und damit vor dem eigentlichen Beginn des Ereignisses am 8. August. Hier fällt sogar Phase P1 weg. Diese Charakteristika weisen auf eine Ballung der Berichterstattung zu Beginn hin, da zur Eröffnungsfeier am 8. August und in der Zeit davor äußerst umfangreich über China berichtet wurde.

Direkt nach der Eröffnungsfeier sinkt der Berichterstattungsumfang plötzlich schnell und klingt dann über einen langen Zeitraum allmählich aus. Nach der Abschlussfeier am 24. August 2008 ist die Berichterstattung auf dem Tiefpunkt angelangt. Von heute auf morgen wird gar nicht oder kaum noch über China in Bezug auf die Olympischen Spiele berichtet. Das Thema scheint am Ende des hier festgelegten Untersuchungszeitraums tatsächlich abgeschlossen zu sein.

Allerdings deutet der hohe Berichterstattungsumfang zu Beginn des Zeitraums darauf hin, dass sich viel Olympia-Chinaberichterstattung im Vorwege abspielt. Aus forschungsökonomischen Gründen wurde – wie beim Tibetkonflikt und beim Sichuan-Erdbeben – nur eine Woche Vorlauf vor dem Auslöseereignis (hier: der Eröffnungsfeier) gewährt. Beim Tibetkonflikt und beim Sichuan-Erdbeben hat diese eine Woche ausgereicht, da dort in der ersten Untersuchungswoche gar nicht oder kaum berichtet wurde. Bei den Olympischen Spielen hingegen erfolgt eine viel ausführlichere Vorberichterstattung, die eigentlich bereits 2001 mit der Vergabe der Olympischen Spiele an Beijing beginnt, nicht erst eine Woche vor der Eröffnungsfeier. In der vorliegenden Arbeit ist also bloß ein Ausschnitt aus dem Ereignis zu sehen.

Zusammenfassend kann für das dritte China-Ereignis folgende Phaseneinteilung pro Medium festgestellt werden:

Tabelle 7: Phaseneinteilung bei den Olympischen Spiele je nach Medium

	SZ	FAZ	Die Welt
P1	01.08.	01.08. bis 04.08.	-
P2	02.08. bis 04.08.	05.08. bis 06.08.	01.08.
P3	05.08.	07.08.	02.08.
P4	06.08.	08.08.	04.08.
P5	07.08. bis 04.09.	09.08. bis 04.09.	05.08. bis 04.09.

7.2.4 Zusammenfassung

Insgesamt liegen je nach China-Ereignis sehr unterschiedliche Themenverläufe vor: Beim Sichuan-Erdbeben und bei den Olympischen Spielen erfolgt der Berichterstattungshöhepunkt direkt nach dem Auslöseereignis, beim Tibetkonflikt vergeht zuvor viel Zeit. Entsprechend erfolgt das Absolute Maximum bei ersteren noch innerhalb des ersten Drittels des gesamten Zeitraums, beim Tibetkonflikt erst im zweiten bis dritten Drittel. Auffällig ist auch die lange Phase P5 beim Sichuan-Erdbeben und bei den Olympischen Spielen. Vermutlich unterscheiden sich Themenverläufe, je nachdem ob ein Ereignis geplant oder ungeplant stattfindet. So findet beim Sichuan-Erdbeben und Tibetkonflikt vor dem Auslöseereignis keine oder kaum Berichterstattung statt. Bei den Olympischen Spielen aber stellt die Vorberichterstattung die Hochphase dar.

Aus pragmatischen Gründen wurden in der vorliegenden Arbeit ‚künstliche' Untersuchungszeiträume festgelegt. Die Festlegung scheint beim Tibetkonflikt und beim Sichuan-Erdbeben den relevanten Zeitraum abzudecken. Bei den Olympischen Spielen hingegen wird offensichtlich nur ein Ereignisausschnitt untersucht. Bei letzterem Geschehnis wäre es also angemessener, wie bei Kolb einen Untersuchungszeitraum festzulegen, der sich über mehrere Jahre erstreckt.

Angesichts dieser Unterschiede wird zum einen deutlich, dass der Ereignistyp den Themenzyklus beeinflussen kann. Kolbs empirische Studie zeigt bloß *eine* Möglichkeit, wie Themen verlaufen können, untersucht anhand eines über Jahrzehnte beobachteten wissenschaftlichen Themas. Bei einer plötzlich einsetzenden Naturkatastrophe oder einem unerwartet eskalierenden politischen Konflikt können Themenverläufe hingegen ganz anders aussehen. Phasen können fehlen oder sich der Berichterstattungshöhepunkt an den Anfang des Themenverlaufs verschieben. Bestätigen lässt sich also, wie schon Kolb anmerkte, dass das Themenzyklusmodell Flexibilität aufweisen muss.

Zum anderen stellt sich die Frage, ob sich die Chinaberichterstattung 2008 auch *inhaltlich* so stark unterscheidet, wie laut Haupthypothese vermutet wird. Dies wird im Folgenden überprüft.

7.3 Ergebnisse der Inhaltsanalyse

Da für die Auswertung viele Variablen miteinander in Bezug gesetzt wurden, erfolgt hier zunächst ein Überblick über die pro Auslandsberichterstattungsmerkmal geltenden Indikatoren, deren Richtwerte und den zugehörigen Kategorien:

Tabelle 8: Indikatoren, Richtwerte und Kategorien pro Merkmal

Merkmal	Indikatoren	Richtwerte	Kategorien
Einge-schränkte Quellen-lage	1. Geringe Quellenanzahl	Pro Artikel werden zwei[64] oder weniger Quellen angegeben.	K15.1 Anzahl der Quellen
	2. Geringe Quellenvielfalt	Die drei meistgenannten Quellen haben einen Anteil von 50 % oder mehr.	K15.2 Art der Quellen
	3. Dominanz von Nachrichtenagenturen als Quellen und Verfasser	Unter den Quellenarten und Verfassern ist der Agenturanteil am größten.	K09 Verfasser, K15.2 Art der Quellen
Nationali-sierte Pers-pektive	1. Die meisten Akteure mit deutscher Herkunft	Unter den Akteuren ist der Anteil deutscher Akteure am größten.	K14.2 Herkunft des Akteurs
	2. Die meisten Quellen mit deutscher Herkunft	Unter den Quellen ist der Anteil deutscher Quellen am größten.	K15.3 Herkunft der Quellen
	3. Meistens BRD als Berichterstattungsland	Unter den Berichterstattungsländern kommt die BRD am häufigsten vor.	K11.1 Bericht-erstattungsländer
	4. Die meisten Artikel mit Deutschlandbezug	Der Anteil von Artikeln mit Deutschlandbezug ist größer ist als der ohne.	K13 Deutschland-bezug
Regiona-lismus	1. Häufige Erwähnung weniger chinesischer Regionen als Berichterstattungsorte	Die fünf meistgenannten Regionen haben einen Anteil von 50% oder mehr.	K11.2 Chinesische Region
	2. Keine Erwähnung anderer chinesischer Regionen	Andere Regionen werden gar nicht genannt.	
Krisen-zentrierung	1. Die meisten Artikel mit Krisen als Hauptthema	Der Anteil an Artikeln mit Krisen als Hauptthema ist größer als der von Artikeln ohne Krisen als Hauptthema.	K16.1 Art der Krise
	2. Darstellung von Krisensituation auf den meisten Bebilderungen	Der Anteil an Bildern mit Krisensituation ist größer als der von Bildern ohne Krisensituation.	K10 Anzahl der Bilder, K16.3 Krisendarstellung auf Bildern
Politik-zentrierung	1. Die meisten Artikel aus dem Ressort Politik	Der größte Anteil an Artikeln lässt sich dem Ressort Politik zuordnen.	K07 Ressort
	2. Die meisten Artikel aus dem Sachbereich Politik	Der größte Anteil an Artikeln lässt sich dem Sachbereich Politik zuordnen.	K12 Thematischer Sachbereich
	3. Die meisten Akteure aus dem Sachbereich Politik	Der größte Anteil an Akteuren lässt sich dem Sachbereich Politik zuordnen.	K14.1 Sachbereich des Akteurs

[64] Diese Zahl basiert auf der Überlegung, dass für eine ausgewogene Darstellung mindestens zwei Perspektiven und damit mindestens zwei Quellen nötig wären.

Eliten-zentrierung	Die meisten Akteure mit Elite-Status	Unter den Akteuren ist der Anteil an Elite-Akteuren größer als der von Nicht-Elite-Akteuren.	K14.3 Status des Akteurs
Vernach-lässigung des Kontextes	Weniger kontextorientierte Hintergrund-berichterstattung als ereignisorientierte Vordergrundbericht-erstattung	Die Mehrzahl der Artikel besteht aus weniger als 50% Hintergrundbericht-erstattung.	K06 Umfang, K17 Anteil an Hintergrund-berichterstattung
Negativ-zentrierung	1. Darstellung der meisten Krisen im negativen Zusammenhang	Krisen werden öfter im negativen als im positiven Zusammenhang dargestellt.	K16.2 Darstellung der Krise
	2. Meistens negative Bewertung des Akteurs China	Der Akteur China wird mehrheitlich negativ bewertet.	K18 Charakteri-sierung/Bewer-tung ‚Chinas'
	3. Große Anzahl an chinakritischen Themen	Mehr als die Hälfte der möglichen 37 Ausprägungen kommt vor.	K19 Chinakriti-sche Themen

7.3.1 Ergebnisse je nach Auslandsberichterstattungsmerkmal

Laut Hypothese H 2 entspricht die Chinaberichterstattung 2008 den laut Literatur zentralen Auslandsberichterstattungsmerkmalen. Zur Überprüfung dieser Haupthypothese erfolgt pro Merkmal eine Gesamtauswertung, ob es generell auf die Chinaberichterstattung zutrifft, also zunächst ohne eine Unterscheidung je nach Ereignis, Phase und Medium zu machen. Dabei liegen pro Unterhypothese folgende Ergebnisse vor:

H 2a: In Hypothese H 2a wird angenommen, dass die Chinaberichterstattung 2008 eine *Eingeschränkte Quellenlage* aufweist, also eine geringe Quellenanzahl, geringe Quellenvielfalt und eine Dominanz von Nachrichtenagenturen als Quelle und Verfasser. Dies lässt sich auf Basis der empirischen Daten weder eindeutig bestätigen noch entkräften, da ein Indikator daraufhin hinweist, zwei dagegen sprechen. Zwar liegt eine geringe Quellenvielfalt vor, da 67,8% der Quellennennungen allein auf die drei meistgenannten Quellenarten fallen (Staatliche politische Quellen, Andere Medien/Journalisten sowie Nichtstaatliche Verbände/Organisationen). Angesichts von insgesamt 13 möglichen Ausprägungen werden also insgesamt wenig unterschiedliche Quellenarten erwähnt. Dafür gibt es eine hohe Quellenanzahl, da im Durchschnitt pro Artikel auf 5,2 Quellen verwiesen wird. Auch liegt keine Dominanz von Nachrichtenagenturen vor, da nur 7,5% der codierten Quellen und Verfasser Nachrichtenagenturen darstellen. Die Chinaberichterstattung 2008 weist damit tendenziell eine gute Quellenlage auf, bezüglich der Quellenvielfalt gibt es aber auch Hinweise auf eine Eingeschränkte Quellenlage.

H 2b: In Hypothese H 2b wird angenommen, dass die Chinaberichterstattung 2008 eine *Nationalisierte Perspektive* aufweist, sich also vor allem auf deutsche

Akteure, deutsche Quellen und Deutschland als Berichterstattungsland bezieht sowie meistens Artikel mit Deutschlandbezug aufweist. Diese Annahme wird empirisch weder eindeutig bestätigt noch entkräftet, da ein Indikator auf eine deutsche Perspektive hinweist, drei dagegen sprechen: Eine knappe Mehrheit der Artikel weist Deutschlandbezug auf (55,6%). Dafür ist die Mehrzahl der Akteure chinesischer Herkunft (56,2%), nicht deutsch (12,9%). Auch ist die Mehrzahl der Quellen chinesisch (46,4%), nicht deutsch (18,5%). China kommt unter den Berichterstattungsländern am häufigsten vor (46,8%), nicht Deutschland (9,0%). Die Chinaberichterstattung 2008 ist also tendenziell von einer chinesischen Perspektive geprägt, weist aber angesichts der ausgeprägten Deutschlandbezogenheit auch auf eine Nationalisierte Perspektive hin.

H 2c: In Hypothese H 2c wird angenommen, dass die Chinaberichterstattung 2008 *Regionalismus* aufweist, dass also wenige chinesische Regionen häufig erwähnt werden, während andere gar nicht genannt werden. Dies kann empirisch bestätigt werden, da beide Indikatoren daraufhin hinweisen: 5 von 34 möglichen Regionen decken 77% aller Nennungen ab. Sieben Regionen kommen gar nicht erst als Berichterstattungsorte vor. Insgesamt ist die Chinaberichterstattung 2008 also eindeutig von Regionalismus geprägt.

H 2d: In Hypothese H 2d wird angenommen, dass die Chinaberichterstattung 2008 *Krisenzentrierung* aufweist, also bei den meisten Artikeln Krisen als Hauptthema vorliegen und auf den meisten Bildern Krisensituationen dargestellt werden. Dies lässt sich empirisch weder eindeutig bestätigen noch entkräften, da ein Indikator dafür spricht, einer dagegen: Bezüglich der Thematisierung ist eine Krisenzentrierung vorhanden. Insgesamt sind in den meisten Artikeln Krisen das Hauptthema (69,8%). Bezüglich der Bebilderung ist hingegen keine Krisenzentrierung zu erkennen: Nur bei 31,5% der Bilder wird eine Krise dargestellt. Die Chinaberichterstattung 2008 weist also in Bezug auf die Thematisierung Krisenzentrierung auf, aber nicht bezüglich der Bebilderung.

H 2e: In Hypothese H 2e wird angenommen, dass die Chinaberichterstattung 2008 *Politikzentrierung* aufweist, also die meisten Artikel dem Ressort und Sachbereich Politik zuzuordnen sind sowie die meisten Akteure dem Sachbereich Politik. Dies wird empirisch weder eindeutig bestätigt noch entkräftet, da zwei Indikatoren dafür sprechen, einer dagegen: Zwar stammen die meisten Artikel nicht aus dem Ressort Politik (26,8% im Gegensatz zu 33,4% beim Ressort ‚Redaktionelle Extras/ Beilage'). Dafür sind aber die meisten Artikel dem thematischen Sachbereich Politik zuzuordnen (52,4%)[65], genauso wie die meisten Akteure politische Akteure sind (35,9%). Tendenziell ist die Chinaberichterstattung 2008 also politikzentriert, mit der Ausnahme, dass sich dies nicht in der Ressortzuordnung widerspiegelt.

[65] Hier wird deutlich, dass die Überprüfung der Ressortzugehörigkeit allein nicht ausreicht, um Politikzentrierung festzustellen. Anscheinend erscheinen viele Politik-Beiträge auch in anderen Ressorts, also wirtschaftspolitische, kulturpolitische oder sportbezogene politische Artikel.

H 2f: In Hypothese H 2f wird angenommen, dass die Chinaberichterstattung *Elitenzentrierung* aufweist, bei den meisten Akteuren also ein Elite-Status vorliegt. Dies wird empirisch bestätigt: Eine knappe Mehrheit der Akteure ist als Elite einzustufen (53,9%). Die Chinaberichterstattung ist also elitenzentriert.

H 2g: In Hypothese H 2g wird angenommen, dass die Chinaberichterstattung 2008 eine *Vernachlässigung des Kontextes* aufweist, also weniger kontextorientierte Hintergrund- als ereignisorientierte Vordergrundberichterstattung vorliegt. Dies wird empirisch bestätigt: Die deutliche Mehrheit der Artikel (82,0%) besteht zu weniger als 50% aus Hintergrundberichterstattung[66]. In der Chinaberichterstattung 2008 wird also der Kontext vernachlässigt.

H 2h: In Hypothese H 2h wird angenommen, dass die Chinaberichterstattung 2008 *Negativzentrierung* aufweist, also die meisten Krisen im negativen Zusammenhang dargestellt werden, China meist negativ bewertet wird und eine hohe Anzahl chinakritischer Themen vorliegt. Dies wird empirisch weder eindeutig bestätigt noch entkräftet, da zwei Indikatoren dafür sprechen, einer dagegen: Zwar wird China meist nicht negativ (23,9%), sondern ambivalent bewertet (35,6%). Dafür wird in Artikeln mit einer Krise als Hauptthema diese oft negativ dargestellt (82,2%). Auch kommen 91,9% aller 37 möglichen chinakritischen Themen vor, also deutlich mehr als die Hälfte. Tendenziell ist die Chinaberichterstattung 2008 also negativzentriert, weist aber auch Ausgewogenheit auf, da die VR nicht überwiegend negativ bewertet wird.

7.3.2 *Ergebnisse je nach Ereignis*

Laut Hypothese H 3 unterscheiden sich die Auslandsberichterstattungsmerkmale der Chinaberichterstattung 2008 je nach Ereignis. Zur Überprüfung dieser Haupthypothese erfolgt pro Merkmal eine Auswertung je nach China-Ereignis. Pro Unterhypothese liegen folgende Resultate vor:

H 3a: In Hypothese H 3a wird angenommen, dass beim Tibetkonflikt die *Eingeschränkte* Quellenlage am stärksten ausgeprägt ist. Dies lässt sich auf Basis der empirischen Daten weder eindeutig bestätigen noch entkräften, da ein Indikator darauf hinweist, zwei dagegen sprechen: Tatsächlich ist beim Tibetkonflikt die Quellenvielfalt am geringsten, da der Anteil der drei meistgenannten Quellen am höchsten ist (74,2%; Sichuan-Erdbeben: 68,8%; Olympische Spiele: 65,1%). Dafür ist aber die Quellenanzahl beim Tibetkonflikt nicht am geringsten, sondern im mittleren Bereich anzusiedeln. Hier zeigen die Olympischen Spielen die schlechteste Quellenlage mit der geringsten Quellenanzahl. Beim Sichuan-Erdbeben hingegen liegt die größte Dominanz von Nachrichtenagenturen vor, während der Tibetkonflikt hier erneut einen Mittelwert aufweist (vgl. Tabelle 9). Anzeichen für eine Eingeschränkte Quel-

[66] Addiert man die Ausprägungen Keine (0 bis 1% Kontext), Gering (1 bis inkl. 30%) sowie Ausführlich (mehr als 30%), enthalten 82,0% der Artikel weniger als 50% Hintergrundberichterstattung. Sehr ausführlich, mit *mehr* als 50% Hintergrundberichterstattung, sind nur 18,0% der Artikel.

lenlage sind also nicht allein beim Tibetkonflikt zu finden, sondern bei allen drei Ereignissen. Die tendenziell beste Quellenlage liegt bei den Olympischen Spielen vor, darauf weisen gleich zwei Indikatoren hin (geringster Agenturanteil und größte Quellenvielfalt).

Tabelle 9: Je nach Ereignis: Anzahl der genannten Quellen sowie Anteil von Nachrichtenagenturen als Quelle und Verfasser

	Anzahl der Quellen (im Durchschnitt pro Artikel)		Nachrichtenagenturen als Quelle und Verfasser	
	Ereignis	Quellenanzahl	Ereignis	Agentur-Anteil
1	Sichuan-Erdbeben	5,8	Sichuan-Erdbeben	16,1%
2	Tibetkonflikt	5,3	Tibetkonflikt	10,1%
3	Olympische Spiele	4,9	Olympische Spiele	7,2%

Anteil an Nachrichtenagenturen (als Quellenart und Verfasser): Sichuan-Erdbeben (n = 298), Tibetkonflikt (n = 524), Olympische Spiel (n = 1006)

H 3b: In Hypothese H 3b wird angenommen, dass beim Sichuan-Erdbeben die *Nationalisierte Perspektive* am schwächsten ausgeprägt ist. Dies kann empirisch bestätigt werden, alle vier Indikatoren weisen darauf hin: Beim Sichuan-Erdbeben ist der Anteil deutscher Akteure (8,1%) und deutscher Quellen (8,8%) am geringsten. Am kleinsten ist bei diesem Ereignis zudem der Anteil Deutschlands unter den Berichterstattungsländern (5,6%; vgl. Abbildung 13) sowie der Anteil an Artikeln mit Deutschlandbezug (47,4%). Beim Sichuan-Erdbeben ist also die Nationalisierte Perspektive, wie angenommen, am geringsten ausgeprägt. Die stärkste Ausprägung ist beim Tibetkonflikt festzustellen.

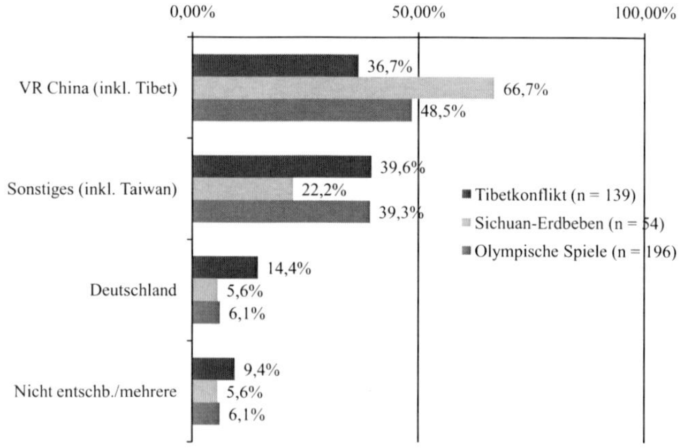

Abbildung 13: Je nach Ereignis: Erwählte Länder als Orte der Berichterstattung

H 3c: In Hypothese H 3c wird angenommen, dass bei den Olympischen Spielen der *Regionalismus* am stärksten ausgeprägt ist. Diese Annahme wird empirisch widerlegt, da beide Indikatoren dagegen sprechen: Bei den Olympischen Spielen ist der Anteil der fünf meistgenannten Regionen am kleinsten (80,4%), genauso wie die Anzahl der nicht erwähnten chinesischen Quellen bei den Olympischen Spielen (35,3% nicht erwähnte Regionen). Tatsächlich ist also bei diesem Ereignis der Regionalismus stark, wenn auch im Vergleich zu den anderen Ereignissen am schwächsten ausgeprägt[67]. Die stärkste Ausprägung liegt beim Tibetkonflikt vor.

Tabelle 10: Je nach Ereignis: Meist erwähnte chinesische Regionen (Rang 1 bis 5) sowie Gesamtanteil aller nicht erwähnten Regionen

	Tibetkonflikt		Sichuan-Erdbeben		Olympische Spiele	
	Chinesische Region	Anteil	Chinesische Region	Anteil	Chinesische Region	Anteil
1	Tibet	46,7%	Sichuan	40,5%	Beijing	51,3%
2	Beijing	20,0%	Beijing	27,0%	Xinjiang	8,6%
3	Gansu	11,1%	Shanghai	5,4%	Hongkong	8,6%
4	Sichuan	11,1%	Chongqing	4,1%	Tibet	6,6%
5	Qinghai	4,4%	Gansu	4,1%	Shanghai	5,3%
	Gesamt	93,3%	Gesamt	81,1%	Gesamt	80,4%
	Nicht erwähnte Reg.	73,5%	Nicht erwähnte Reg.	55,9%	Nicht erwähnte Reg.	35,3%

Tibetkonflikt (n = 90), Sichuan-Erdbeben (n = 74), Olympische Spiele (n = 152), nicht erwähnte Regionen (n = 34)

H 3d: In Hypothese H 3d wird angenommen, dass beim Sichuan-Erdbeben die *Krisenzentrierung* am schwächsten ausgeprägt ist. Diese Annahme wird empirisch widerlegt, beide Indikatoren sprechen dagegen:

Tabelle 11: Je nach Ereignis: Krisenthematisierung und bildliche Krisendarstellung

	Tibetkonflikt	Sichuan-Erdbeben	Olympische Spiele
Artikel mit Krise als Hauptthema	76,1%	100%	54,0%
Artikel *ohne* Krise als Hauptthema	23,9%	0%	46,0%
Bilder mit Krisendarstellung	38,5%	88,2%	8,4%
Bilder *ohne* Krisendarstellung	61,5%	11,8%	91,6%

Krisenthematisierung: Tibetkonflikt (n = 67), Sichuan-Erdbeben (n = 38), Olympische Spiele (n = 100). Bildliche Krisendarstellung: Tibetkonflikt (n = 39), Sichuan-Erdbeben (n = 34), Olympische Spiele (n = 95)

67 Allerdings wird bei den Olympischen Spielen eine extreme Fokussierung auf Beijing deutlich (51,3%). Keine Region wird so oft erwähnt. Dies fließt jedoch nicht in die Beantwortung der Hypothese ein, da das Merkmal Regionalismus anders operationalisiert wurde.

Tatsächlich ist beim Sichuan-Erdbeben der Anteil an Artikeln, die eine Krise als Hauptthema haben, nicht am kleinsten, sondern am größten (100% Artikel mit Krisenthematisierung). Auch die Anzahl der Bilder, die eine Krise darstellen, ist beim Sichuan-Erdbeben größer (88,2%) als bei den anderen Ereignissen. Beim Sichuan-Erdbeben ist die Krisenzentrierung also wider Erwarten am stärksten. Die Olympischen Spiele sind hingegen am wenigsten krisenzentriert.

H 3e: In Hypothese H 3e wird angenommen, dass beim Sichuan-Erdbeben die *Politikzentrierung* am schwächsten ist. Diese Annahme wird empirisch weder eindeutig bestätigt noch widerlegt, da ein Indikator dafür spricht, zwei dagegen: Zwar weist das Sichuan-Erdbeben den geringsten Anteil an Artikeln mit dem thematischen Sachbereich Politik (27,0%) auf, dafür aber einen mittleren Anteil an Politikakteuren (39,3%) sowie an Artikeln aus dem Ressort Politik (30,5%). Bei diesem Ereignis tendiert die Politikzentrierung also insgesamt wider Erwarten zu einer mittleren Ausprägung. Die tendenziell geringste Politikzentrierung haben die Olympischen Spiele, die stärkste der Tibetkonflikt.

H 3f: In Hypothese H 3f wird angenommen, dass beim Sichuan-Erdbeben die *Elitenzentrierung* im Vergleich zu den anderen Geschehnissen am schwächsten ausgeprägt ist. Diese Annahme wird empirisch bestätigt, der Indikator spricht dafür: Beim Sichuan-Erdbeben ist der Anteil an Elite-Akteuren (38,6%) tatsächlich am geringsten und weist damit wie angenommen die geringste Elitenzentrierung auf. Die stärkste Ausprägung liegt beim Tibetkonflikt vor.

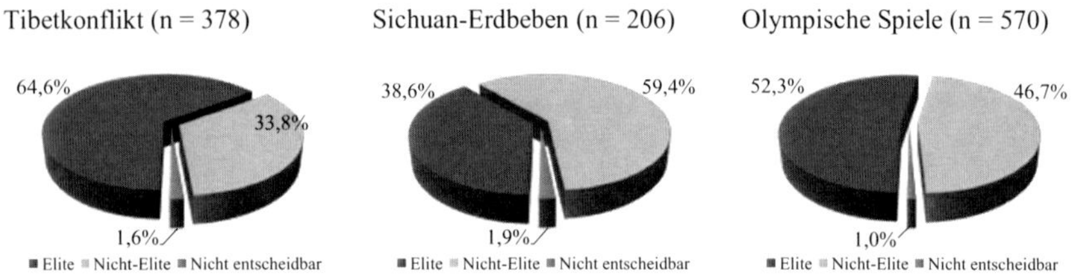

Abbildung 14: Je nach Ereignis: Anteil an Elite- und Nicht-Elite-Akteuren

H 3g: In Hypothese H 3g wird angenommen, dass bei den Olympischen Spielen die *Vernachlässigung des Kontextes* am schwächsten ist. Diese Annahme wird empirisch widerlegt: Die Olympischen Spiele bewegen sich wider Erwarten im Mittelfeld (immerhin 81,0% der Artikel mit weniger als 50% Hintergrundberichterstattung) und weisen daher wider Erwarten doch eine mittlere Kontextvernachlässigung auf. Am geringsten ist die Kontextvernachlässigung stattdessen beim Tibetkonflikt[68], am stärksten beim Sichuan-Erdbeben.

[68] Angesichts der chinesischen Kritik, die deutsche Berichterstattung würde beim Tibetkonflikt nicht angemessen kontextualisieren, ist dies ein interessantes Ergebnis. Allerdings wird hier nur auf die

Tabelle 12: Je nach Ereignis: Anteil an Hintergrundberichterstattung sowie Anteil von Artikeln mit weniger als 50% Hintergrund[69]

	Tibetkonflikt		Sichuan-Erdbeben		Olympische Spiele	
	Hintergrundumfang	Anteil	Hintergrundumfang	Anteil	Hintergrundumfang	Anteil
1	Gering	49,3%	Gering	47,4%	Gering	42,0%
2	Sehr ausführlich	22,4%	Keine	23,7%	Ausführlich	28,0%
3	Ausführlich	16,4%	Ausführlich	21,1%	Sehr ausführlich	19,0%
4	Keine	11,9%	Sehr ausführlich	7,9%	Keine	11,0%
	Artikel mit weniger als 50% Hintergr.	77,6%	Artikel mit weniger als 50% Hintergr.	92,2%	Artikel mit weniger als 50% Hintergr.	81,0%

Tibetkonflikt (n = 67), Sichuan-Erdbeben (n = 38), Olympische Spiele (n = 100)

H 3h: In Hypothese H 3h wird angenommen, dass beim Sichuan-Erdbeben die *Negativzentrierung* am schwächsten ausgeprägt ist, was empirisch bestätigt wird, da alle drei Indikatoren dafür sprechen: Beim Sichuan-Erdbeben ist der Anteil an Artikeln, die Krisen im negativen Zusammenhang darstellen, am geringsten (63,4%), und China wird als Akteur beim Sichuan-Erdbeben am seltensten negativ dargestellt (7,9%). Zudem werden beim Sichuan-Erdbeben am wenigsten chinakritische Themen erwähnt (51,4% von 37 möglichen Themen; vgl. Tabelle 13)[70].

Tabelle 13: Je nach Ereignis: Meisterwähnte chinakritische Themen (Rang 1 bis 6) sowie Anteil erwähnter/nicht erwähnter chinakritischer Themen

	Tibetkonflikt		Sichuan-Erdbeben		Olympische Spiele	
	Chinakritisches Thema	Anteil	Chinakritisches Thema	Anteil	Chinakritisches Thema	Anteil
1	Chin. Regierung gegen Minderheiten	15,7%	Chin. Reg. gegen ausl. Chinakritiker	15,4%	Chin. Reg. gegen freie Medienber.	13,5%
2	Boykott d. Olympischen Spiele 2008	10,1%	Mängel im chinesischen Bausektor	13,5%	Chin. Regierung gegen Minderheiten	12,1%
3	Chin. Reg. gegen Demonstranten	9,5%	Chin. Reg. gegen freie Medienber.	11,5%	Selbstinszenierung Chinas	7,7%
4	Schlechte Menschenrechtslage	9,2%	Chin. Regierung gegen chin. Kritiker	7,7%	Schlechte Menschenrechtslage	7,7%

Quantität der Hintergrundberichterstattung eingegangen, nicht auf die Qualität. Zudem liegt beim Tibetkonflikt der höchste Anteil an Artikeln mit geringem Hintergrundumfang vor (49,3%).

69 Gemessen wurde der Anteil an Hintergrundberichterstattung (in Zeichen inkl. Leerzeichen) in Relation zur Gesamtzeichenanzahl eines Artikels. Bei der Ausprägung ‚Sehr ausführlich' gibt es mehr als 50% Hintergrund, ‚Ausführlich': mehr als 30%, ‚Gering': 1 bis inkl. 30%, ‚Keine': 0 bis 1%. Um die Artikel mit weniger als 50% zu ermitteln, wurden die %-Anteile der Ausprägungen ‚Keine', ‚Gering' und ‚Ausführlich' addiert.

70 Die Verteilung zwischen erwähnten Themen (51,4%) und nicht erwähnten Themen (48,6%) ist dabei vergleichsweise ausgewogen.

5	Chin. Reg. gegen freie Medienber.	9,2%	Korruption in China	7,7%	Chin. Reg. gegen Demonstranten	7,7%
6	Chin. Reg. gegen ausl. Chinakritiker	8,2%	Chin. Regierung gegen Minderheiten	5,8%	China entspricht als Olympia-Gastgeber nicht d. moralischen Anforderungen	6,7%
	Erwähnte Themen	75,7%	Erwähnte Themen	51,4%	Erwähnte Themen	81,1%
	Nicht erwähnte	24,3%	Nicht erwähnte	48,6%	Nicht erwähnte	18,9%

Tibetkonflikt (n = 306), Sichuan-Erdbeben (n = 52), Olympische Spiele (n = 297, erwähnte/nicht erwähnte chinakritische Themen (n = 37)
Abkürzungen: ‚Chin. Reg.' = Chinesische Regierung, ‚Medienber.' = Medienberichterstattung

Beim Sichuan-Erdbeben ist die Negativzentrierung also, wie angenommen, am schwächsten ausgeprägt. Am stärksten negativzentriert wird hingegen der Tibetkonflikt abgebildet.

7.3.3 Ergebnisse je nach Ereignisphase

Laut Hypothese H 4 sind die Auslandsberichterstattungsmerkmale der Chinaberichterstattung 2008 je nach Ereignisphase unterschiedlich ausgeprägt. Zur Überprüfung dieser Haupthypothese erfolgt pro Merkmal eine Auswertung je nach Phase. Pro Unterhypothese kommt es zu folgenden Resultaten:

H 4a: In Hypothese H 4a wird angenommen, dass die *Eingeschränkte Quellenlage* in der ersten Ereignisphase (P1) stärker ausgeprägt ist als in der zweiten Phase (P2), sowie in P2 stärker ausgeprägt ist als in der dritten Phase (P3). Diese Annahme wird empirisch weder eindeutig bestätigt noch entkräftet, da zwei Indikatoren dagegen sprechen, einer dafür: Zwar ist die Quellenvielfalt in P1, wie erwartet, geringer (74,4% Gesamtanteil der drei meistgenannten Quellenarten) als in P2 (rund 69,8%), und in P2 geringer als in P3 (67,2%). Allerdings ist die Quellenanzahl in P1 nicht geringer, sondern höher (im Durchschnitt 6 Quellen pro Artikel) als in P2 und P3. Die Dominanz von Nachrichtenagenturen als Quellen und Verfasser ist in P1 zwar höher (9,7% Agentur-Anteil) als in P2, allerdings nimmt diese in P3 nicht weiter ab, sondern erhöht sich wieder. Tatsächlich liegt also nur in Bezug auf die Quellenvielfalt eine Verbesserung der Quellenlage von P1 bis P3 vor, ansonsten aber nicht. Grundsätzlich ist keine Tendenz zu einer bestimmten Phasenabfolge je nach Quellenlage zu erkennen. Auch Schlussfolgerungen auf Tendenzen zu einer besonders guten oder schlechten Quellenlage in bestimmten Phasen sind schwierig. Je nach Indikator ist die Quellenlage mal in P2, mal in P4, mal in P5 am eingeschränktesten. Allerdings liegt bei zwei von drei Indikatoren die beste Quellenlage in P4 vor. Beim dritten Indikator weist P4 wiederum die schlechteste Quellenlage auf. Eindeutige Ergebnisse werden an dieser Stelle also nicht erzielt.

Tabelle 14: Je nach Phase: Meist verwendete Quellenarten (Rang 1 bis 6) inkl. Nachrichtenagenturen als Quellen

	P1		P2		P3	
	Art der Quelle	Anteil	Art der Quelle	Anteil	Art der Quelle	Anteil
1	Andere Medien	35,9%	Staat/Politik	37,2%	Staat/Politik	35,9%
2	Nichtstaatl. Org.	23,1%	Nichtstaatl. Org.	18,6%	Andere Medien	16,3%
3	Staat/Politik	15,4%	Wirtschaft	14,0%	Bevölkerung	15,0%
4	Wirtschaft	12,8%	Andere Medien	11,6%	Nichtstaatl. Org.	10,5%
5	Wissenschaft	5,1%	Nachrichtenagentur	4,7%	Wirtschaft	6,5%
6	Bevölkerung	2,6%	Bevölkerung	4,7%	Nachrichtenagentur	5,9%
12	Nachrichtenagentur	0%				
	P4		P5			
	Art der Quelle	Anteil	Art der Quelle	Anteil		
1	Staat/Politik	40,7%	Staat/Politik	27,2%		
2	Andere Medien	22,7%	Andere Medien	19,6%		
3	Nichtstaatl. Org.	16,2%	Nichtstaatl. Org.	16,2%		
4	Bevölkerung	6,9%	Wirtschaft	11,3%		
5	Nachrichtenagentur	5,6%	Bevölkerung	6,9%		
6	Prominente	2,3%	Nachrichtenagentur	5,6%		

P1 (n = 39), P2 (n = 43), P3 (n = 153) P4 (n = 216), P3 (n = 408)
Abkürzungen: 'Nichtstaatl. Org.' = Nichtstaatliche Organisationen

H 4b: In Hypothese H 4b wird angenommen, dass die *Nationalisierte Perspektive* in P2 und P3 am geringsten ausgeprägt ist. Diese Annahme wird empirisch weder eindeutig bestätigt noch entkräftet, da ein Indikator dafür spricht, drei dagegen: Der Anteil deutscher Akteure ist in P2 (7,4%) und P3 (11,6%) geringer als in P4 (18,4%) und P5 (12,2%), aber der insgesamt kleinste Anteil ist wider Erwarten in P1 zu finden (5,8%). Der Anteil Deutschlands als Berichterstattungsland ist in P2 und P3 (8,3% und 10,5%) zwar kleiner als in P4, aber nicht kleiner als in P1 und P5. Artikel mit Deutschlandbezug kommen nicht in P2 und P3 am wenigsten vor (66,7% und 67,6%), sondern in P5 (42,9%). Damit spricht nur ein Indikator für die Hypothese: Den kleinsten Anteil deutscher Quellen gibt es in P2 und P3 (16,3% und 14,4%). Nur in Bezug auf den Indikator Quellenherkunft liegt also eine geringere Nationalisierte Perspektive in P2 und P3 vor, ansonsten nicht. Am stärksten ausgeprägt ist die Nationalisierte Perspektive eindeutig in P4. Dafür sprechen alle vier Indikatoren: In P4 liegt der höchste Anteil an deutschen Akteuren, deutschen Quellen, Deutschlands als Berichterstattungsland und Artikeln mit Deutschlandbezug vor[71]. Die schwächste Ausprägung liegt tendenziell in P1 vor, darauf weisen gleich zwei Indikatoren (Herkunft der Akteure, Berichterstattungsländer) hin.

[71] Zu vermuten ist, dass in der Abschwungphase P4 parallel zum sinkenden Berichterstattungsumfang auch die Perspektivenvielfalt zurückgeht, so dass die Berichterstattung von der deutschen Perspektive dominiert wird.

H 4c: In Hypothese H 4c wird angenommen, dass das Merkmal *Regionalismus* in P1 stärker ausgeprägt ist als in P2 und P3. Diese Annahme lässt sich empirisch bestätigen, beide Indikatoren sprechen dafür: In P1 liegt tatsächlich der höchste Anteil der meistgenannten fünf chinesischen Regionen vor (100%) sowie die höchste Anzahl nicht erwähnter Regionen (88,2%; vgl. Tabelle 15).

Tabelle 15: Je nach Phase: Meist erwähnte chinesische Regionen (Rang 1 bis 4) sowie Gesamtanteil aller nicht erwähnten Regionen

	P1		P2		P3		P4		P5	
	Region	Anteil	Region	Anteil	Region	Anteil	Region	Anteil	Region	Anteil
1	Beijing	66,7%	Beijing	52,9%	Tibet	24,3%	Tibet	25,6%	Beijing	45,1%
2	Guangd.	11,1%	Tibet	17,6%	Beijing	24,3%	Beijing	25,6%	Sichuan	17,8%
3	Tibet	11,1%	Hubei	5,9%	Sichuan	14,3%	Sichuan	15,4%	Tibet	9,2%
4	Hong K.	11,1%	Yunnan	5,9%	Gansu	11,4%	Gansu	3,8%	Xinjiang	7,7%
	Gesamt	100%	Gesamt	88,2%	Gesamt	88,2%	Gesamt	74,2%	Gesamt	86,8%
	Nicht erwähnte Regionen	88,2%	Nicht erwähnte Regionen	79,4%	Nicht erwähnte Regionen	55,9%	Nicht erwähnte Regionen	47,1%	Nicht erwähnte Regionen	35,3%

P1 (n = 9), P2 (n = 17), P3 (n = 70), P4 (n = 78), P5 (n = 142), nicht erwähnte Regionen (n = 34)
Abkürzungen: ‚Guangd.' = Guangdong, ‚Hong K.' = Hong Kong

P1 weist also nicht nur einen stärkeren Regionalismus auf im Vergleich zu P2 und P3, sondern auch im Vergleich zu P4 und P5, also den stärksten Regionalismus insgesamt[72]. Die geringste Merkmalsausprägung ist in keiner Phase eindeutig zu finden: Bezüglich des Anteil der fünf meistgenannten Regionen liegt sie in P4 vor, bezüglich der nicht erwähnten Regionen in P5.

H 4d: In Hypothese H 4d wird angenommen, dass die *Krisenzentrierung* nach Abschluss der Etablierungsphase P3 in P4 und P5 abnimmt. Diese Annahme wird empirisch weder eindeutig bestätigt noch entkräftet, da ein Indikator dafür spricht, einer dagegen. Artikel mit Krisen als Hauptthema werden in P4 und P5 nicht weniger, sondern nehmen sogar von 73,5% (P3) auf 80,0% (P4) zu. Erst in P5 geht der Anteil zurück, dort erst nimmt die Krisenzentrierung ab. Die bildliche Krisendarstellung sinkt hingegen bereits, wie angenommen, in P4 ab. Nur bezüglich dieses Indikators nimmt also die Krisenzentrierung in P4 und P5 ab. Als Hauptthema wird die Krise wider Erwarten in P4 noch dominanter.

H 4e: In Hypothese H 4e wird angenommen, dass die *Politikzentrierung* in P3 am stärksten ist, was die Empirie weder eindeutig bestätigt noch entkräftet. Zwei

[72] Zu Beginn der Berichterstattung in P1 scheint also der Fokus auf einen kleinen regionalen Ausschnitt am stärksten ausgeprägt zu sein. In den nachfolgenden Phasen weitet sich der Blick aus: Tatsächlich werden im Verlauf der Phasen immer mehr Regionen einbezogen (vgl. Tabelle 15), der Anteil nichterwähnter Regionen von P1 bis P5 nimmt stetig ab.

Indikatoren sprechen dafür, einer dagegen: Der Anteil an Artikeln aus dem thematischen Sachbereich Politik ist nicht in P3 am größten (58,8%), sondern in P4 (61,4%). Tatsächlich ist aber in P3 der Anteil in Politik-Akteuren am größten (50,9%), genauso wie der Anteil an Artikeln aus dem Politikressort (45,8%). Damit liegt in P3 tendenziell die stärkste Politikzentrierung vor, die schwächste Ausprägung tendenziell in P1 (vgl. Abbildung 15).

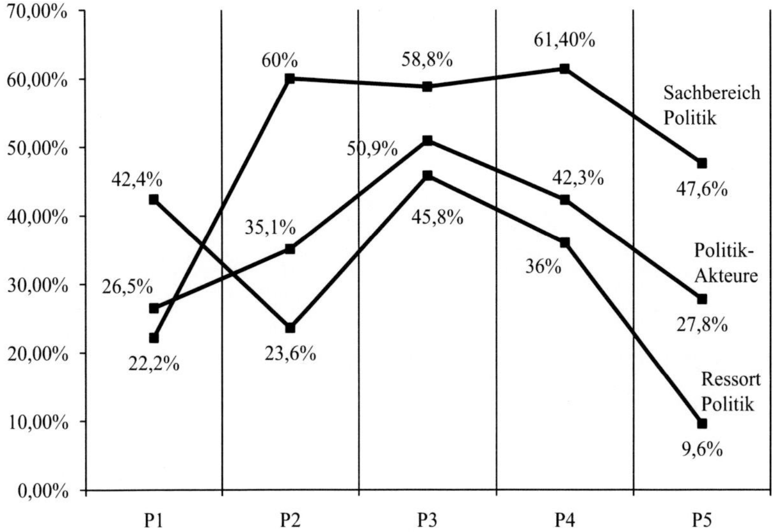

Abbildung 15: Je nach Phase: Artikel und Akteure aus dem thematischem Sachbereich Politik sowie Verwendung des Ressorts Politik

H 4f: In Hypothese H 4f wird angenommen, dass die *Elitenzentrierung* in P3 am stärksten ist. Diese Annahme wird empirisch widerlegt. Nicht in P3 gibt es den höchsten Anteil an Elite-Akteuren (53,5%), sondern in P1 (65,4%). P3 steht sogar an vorletzter Stelle. P5 (48,8%) hat den geringsten Elite-Akteure-Anteil. Die stärkste Elitenzentrierung erfolgt also nicht in P3, sondern in P4[73].

H 4g: In Hypothese H 4g wird angenommen, dass die *Vernachlässigung des Kontextes* in P1 stärker ausgeprägt ist als in P2 und P3. Diese Annahme wird empirisch widerlegt: Tatsächlich ist in P2 und P3 die Kontextvernachlässigung im Vergleich zu P1 (55,5%) nicht geringer, sondern größer, da dort der Anteil an Artikeln mit weniger als 50% Hintergrundberichterstattung ansteigt (auf 91,7% in P2 bzw.

[73] Zu vermuten ist, dass parallel zum zurückgehenden Interesse an dem Thema in P4 die Akteursvielfalt ebenfalls nachlässt und so eine Dominanz der Elite-Akteure entsteht.

73,6% in P3). In P1 liegt sogar wider Erwarten die geringste Kontextvernachlässigung vor[74]. Am stärksten ist die Vernachlässigung in P2.

Tabelle 16: Je nach Phase: Anteil an Hintergrundberichterstattung sowie Anteil von Artikeln mit weniger als 50% Hintergrund

	P1		P2		P3		P4		P5	
	Hintergrund	Anteil	Hintergrund	Anteil	Hintergrund	Anteil	Hintergrund	Anteil	Hintergrund	Anteil
1	Sehr ausf.	44,4%	Gering	41,7%	Gering	41,2%	Gering	44,4%	Gering	49,5%
2	Ausführlich	22,2%	Ausführlich	25,0%	Sehr ausf.	26,5%	Sehr ausf.	24,4%	Ausführlich	27,6%
3	Gering	22,2%	Keine	25,0%	Ausführlich	20,6%	Keine	17,8%	Sehr ausf.	11,4%
4	Keine	11,1%	Sehr ausf.	8,3%	Keine	11,8%	Ausführlich	13,3%	Keine	11,4%
	Art. mit weniger als 50% Hint.gr.	55,5%	Art. mit weniger als 50% Hint.gr.	91,7%	Art. mit weniger als 50% Hint.gr	73,6%	Art. mit weniger als 50% Hint.gr	75,5%	Art. mit weniger als 50% Hint.gr	88,5%

P1 (n = 9), P2 (n = 12), P3 (n = 34), P4 (n = 45), P5 (n = 105)
Abkürzungen: 'Sehr ausf.' = Sehr ausführlich, ‚Art.' = Artikel

H 4h: In Hypothese H 4h wird angenommen, dass die *Negativzentrierung* in P4 schwächer ist als in P3. Dies wird empirisch weder eindeutig bestätigt noch entkräftet, da zwei Indikatoren dafür sprechen, einer dagegen: China wird in P3 häufiger negativ bewertet (29,4%) als in P4 (26,7%) und in P3 häufiger die negative Seite der Krisen dargestellt (89,3%) als in P4 (80,0%; vgl. Abbildung 16). In P3 kommen aber weniger chinakritische Themen vor (70,3%) als in P4 (76,7%). Nicht eindeutig, aber tendenziell liegt also in P4 eine schwächere Ausprägung vor als in P3. Insgesamt ist P2 am wenigsten negativzentriert, P1 tendenziell am stärksten. Dort werden zum Beispiel Krisen zu 100% negativ dargestellt.

[74] Vermutlich wird zu Beginn eines Ereignisses viel kontextualisiert, um das Thema einzuführen und dem Leser in seiner Bedeutung verständlich zu machen. In den nachfolgenden Phasen hingegen ist das Thema schon bekannt, so dass nicht mehr so viel Hintergrundberichterstattung nötig ist.

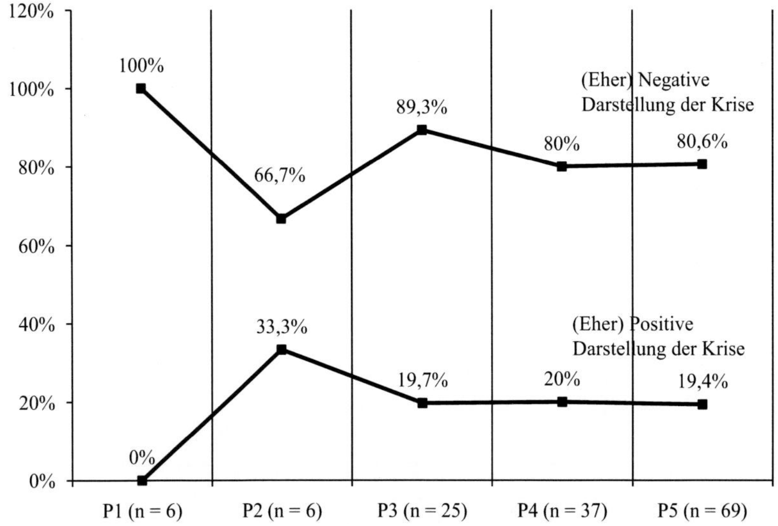

Abbildung 16: Je nach Phase: Anteil negativer und positiver Krisendarstellung

7.3.4 Ergebnisse je nach Medium

Laut Hypothese H 5 sind die Auslandsberichterstattungsmerkmale der Chinaberichterstattung 2008 je nach Medium unterschiedlich ausgeprägt. Zur Überprüfung dieser Haupthypothese erfolgt pro Merkmal eine Auswertung je nach Zeitung. Pro Unterhypothese liegen folgende Resultate vor:

H 5a: In Hypothese H 5a wird angenommen, dass die *Eingeschränkte Quellenlage* bei der *FAZ* am schwächsten ist. Diese Annahme wird empirisch widerlegt, alle drei Indikatoren sprechen dagegen: Die Quellenanzahl ist bei der *FAZ* nicht am geringsten, sondern bewegt sich im mittleren Bereich (im Durchschnitt 5,0 Quellen pro Artikel). Genauso liegt bezüglich der Dominanz von Nachrichtenagenturen als Quellen und Verfasser bei der *FAZ* eine mittlere Ausprägung vor, nicht die geringste (10,1% Agentur-Anteil). Dafür ist aber die Quellenvielfalt bei der *FAZ* am größten (66,1% Gesamtanteil der drei meistgenannten Quellen im Gegensatz zu 68,6% bei der *SZ* und 69,3% bei der *Welt*). Insgesamt ist bei der *FAZ* die Quellenlage also nicht am besten, sondern tendenziell auf dem mittleren Rang anzusiedeln. Die tendenziell am stärksten Eingeschränkte Quellenlage findet sich bei der *SZ*, die tendenziell beste Quellenlage bei der *Welt*.

H 5b: In Hypothese H 5b wird angenommen, dass die *Nationalisierte Perspektive* bei der *SZ* am stärksten ist. Diese Annahme wird empirisch widerlegt, da alle vier Indikatoren dagegen sprechen: Bei der *SZ* kommen nicht die meisten, sondern die wenigsten deutschen Akteure vor (11,8%), die wenigsten deutschen Quellen (17,9%), am seltensten Deutschland als Berichterstattungsland (5,6%) und am seltensten Artikel mit Deutschlandbezug (50,7%). Bei der *SZ* liegt also wider Erwarten die eindeutig schwächste Ausprägung der Nationalisierten Perspektive vor. Die stärkste Ausprägung hat stattdessen *Die Welt*.

H 5c: In Hypothese H 5c wird angenommen, dass der *Regionalismus* bei der *SZ* am schwächsten ausgeprägt ist. Diese Annahme wird empirisch bestätigt, beide Indikatoren sprechen dafür: Bei der *SZ* ist der Anteil der fünf meistgenannten Regionen geringer (74,9%) als bei den anderen Medien, genauso wie die Anzahl der nicht erwähnten chinesischen Regionen bei der *SZ* am geringsten ist (35,3%). Die *SZ* berichtet also wider Erwarten am regional vielfältigsten über China. Den größten Regionalismus zeigt eindeutig die *FAZ*.

Tabelle 17: Je nach Medium: Meist erwähnte chinesische Regionen (Rang 1 bis 5) sowie Gesamtanteil aller nicht erwähnten Regionen

	SZ		FAZ		Die Welt	
	Chinesische Region	Anteil	Chinesische Region	Anteil	Chinesische Region	Anteil
1	Beijing	34,5%	Beijing	39,3%	Beijing	36,0%
2	Tibet	16,8%	Tibet	19,7%	Sichuan	17,3%
3	Sichuan	12,6%	Sichuan	12,3%	Tibet	13,3%
4	Xinjiang	7,6%	Hongkong	7,4%	Shanghai	5,3%
5	Gansu	3,4%	Gansu	5,7%	Xinjiang	5,3%
	Gesamt	74,9%	Gesamt	84,4%	Gesamt	77,2%
	Nicht erw. Regionen	35,3%	Nicht erw. Regionen	55,9%	Nicht erw. Regionen	52,9%

SZ (n = 119), FAZ (n = 122), Die Welt (n = 75), nicht erwähnte Regionen (n = 34)

H 5d: In Hypothese H 5d wird angenommen, dass die *Krisenzentrierung* bei der *SZ* am schwächsten ist. Diese Annahme wird empirisch widerlegt, da beide Indikatoren dagegen sprechen: Nicht bei der *SZ* (69,3%), sondern, mit knappem Vorsprung, bei der *Welt* (68,8%) ist der Anteil an Artikeln mit einer Krise als Hauptthema am geringsten. Auch der Anteil an Bildern, die eine Krise darstellen, ist nicht bei der *SZ* (34,0%), sondern bei der *FAZ* am geringsten (23,1%; vgl. Tabelle 18). Die *SZ* weist also wider Erwarten eine mittlere Krisenzentrierung auf. Eine Zeitung, die eindeutig die stärkste bzw. geringste Ausprägung aufweist, kann nicht festgestellt werden. Die *FAZ* hat am häufigsten Krisen als Hauptthema, aber am seltensten bildliche Krisendarstellungen. *Die Welt* hat am seltensten Krisen als Hauptthema, dafür aber am häufigsten bildliche Krisendarstellungen.

H 5e: In Hypothese H 5e wird angenommen, dass die *Politikzentrierung* bei der *SZ* am stärksten ist. Diese Annahme wird empirisch widerlegt, alle drei Indikatoren sprechen dagegen: Nicht bei der *SZ* (23,9%), sondern bei der *Welt* (34,2%) gibt es die meisten Artikel im Ressort Politik. Nicht bei der *SZ* (52,6%), sondern bei der *Welt* (58,8%) sind die meisten Artikel dem Sachbereich Politik zuzuordnen. Auch die meisten Politikakteure kommen nicht in der *SZ* vor (32,7%), sondern in der *Welt* (44,1%). Die *SZ* ist also tendenziell im Mittelfeld angesiedelt, während die stärkste Politikzentrierung eindeutig bei der *Welt* vorliegt. Bei der *FAZ* ist das Merkmal tendenziell am schwächsten ausgeprägt.

Tabelle 18: Je Medium: Krisenthematisierung und bildliche Krisendarstellung

	SZ	FAZ	Die Welt
Artikel mit Krise als Hauptthema	69,3%	70,9%	68,6%
Artikel *ohne* Krise als Hauptthema	30,7%	29,1%	31,4%
Bilder mit Krisendarstellung	34,0%	23,1%	36,5%
Bilder *ohne* Krisendarstellung	66,0%	76,9%	63,5%

Krisenthematisierung: SZ (n = 75), FAZ (n = 79), Die Welt (n = 51)
Bildliche Krisendarstellung: SZ (n = 53), FAZ (n = 52), Die Welt (n = 63)

H 5f: In Hypothese H 5f wird angenommen, dass die *Elitenzentrierung* in der *Welt* am ausgeprägtesten ist. Dies wird empirisch widerlegt: Nicht bei der *Welt* kommen die meisten Elite-Akteure vor (52,7%), sondern bei der *FAZ* (56,6%). Die geringste Ausprägung hat die *SZ* (51,8%). *Die Welt* ist also nur mittelmäßig elitenzentriert[75].

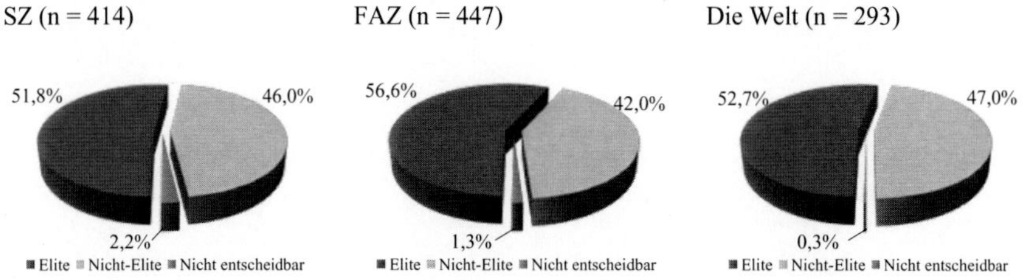

Abbildung 17: Je nach Medium: Anteil von Elite- und Nicht-Elite-Akteuren

H 5g: In Hypothese H 5g wird angenommen, dass die *Vernachlässigung des Kontextes* bei der *Welt* am stärksten ist. Diese Annahme wird empirisch bestätigt: Tatsächlich liegt bei der *Welt* die stärkste Kontextvernachlässigung vor mit 92,1% Artikeln, die weniger als 50% Hintergrundberichterstattung aufweisen. Die geringste Kontextvernachlässigung liegt bei der *FAZ* vor.

[75] Allerdings sind hier die Unterschiede zwischen den Zeitungen minimal. Alle liegen im Ausmaß ihrer Elitenzentrierung relativ dicht beieinander.

Tabelle 19: Je nach Medium: Anteil an Hintergrundberichterstattung sowie Anteil von Artikeln mit weniger als 50% Hintergrund

	SZ		FAZ		Die Welt	
	Umfang Hintergrund-berichterstattung	Anteil	Umfang Hintergrund-berichterstattung	Anteil	Umfang Hintergrund-berichterstattung	Anteil
1	Gering	40,0%	Gering	46,8%	Gering	51,0%
2	Ausführlich	24,0%	Ausführlich	21,5%	Ausführlich	23,5%
3	Sehr ausführlich	21,3%	Sehr ausführlich	21,5%	Keine	17,6%
4	Keine	14,7%	Keine	10,1%	Sehr ausführlich	7,8%
	Artikel mit weniger als 50% Hintergrund	78,7%	Artikel mit weniger als 50% Hintergrund	78,4%	Artikel mit weniger als 50% Hintergrund	92,1%

SZ (n = 75), FAZ (n = 79), Die Welt (n = 51)

H 5h: In Hypothese H 5h wird angenommen, dass die *Negativzentrierung* in der *Welt* am schwächsten ist. Diese Annahme wird empirisch weder eindeutig bestätigt noch entkräftet, da ein Indikator dafür spricht, zwei dagegen: Tatsächlich werden bei der *Welt* Krisen am seltensten negativ dargestellt (66,7%). Allerdings kommen nicht bei der *Welt* am wenigsten chinakritische Themen vor (81,1%), sondern bei der *SZ* (75,7%). Auch wird nicht bei der *Welt* China am seltensten negativ bewertet (21,6%), sondern bei der *FAZ* (21,5%; vgl. Tabelle 20). *Die Welt* weist also nicht die geringste, sondern tendenziell eine mittlere Ausprägung auf. Die schwächste Negativzentrierung kann bei keinem Medium eindeutig festgestellt werden: Bezüglich der Krisendarstellung ist es *Die Welt*, hinsichtlich der Chinabewertung die *FAZ*, bei der chinakritischen Themen die *SZ*. Die stärkste Negativzentrierung hat tendenziell die *SZ*.

Tabelle 20: Je nach Medium: Art der Bewertung Chinas

	SZ		FAZ		Die Welt	
	Bewertung Chinas	Anteil	Bewertung Chinas	Anteil	Bewertung Chinas	Anteil
1	Ambivalent	36,0%	Ambivalent	36,7%	Ambivalent	33,3%
2	Negativ	28,0%	Entfällt	32,9%	Entfällt	33,3%
3	Entfällt	24,0%	Negativ	21,5%	Negativ	21,6%
4	Positiv	12,0%	Positiv	8,9%	Positiv	11,8%

SZ (n = 75), FAZ (n = 79), Die Welt (n = 51)

7.3.5 Zusammenfassung: Auswertung der Haupthypothesen

Zunächst werden die Haupthypothesen H 2, H 3, H 4 und H 5 überprüft und zum Schluss wird H 1 beantwortet.

H 2: Laut Haupthypothese H 2 *entspricht die Chinaberichterstattung 2008 der deutschen überregionalen Tageszeitungen den acht zentralen Auslandsberichterstattungsmerkmalen.* Dies kann empirisch weder eindeutig bestätigt noch widerlegt werden. Obwohl die Merkmale in der Literatur als prägnante Eigenschaften von Auslandsberichterstattung beschrieben werden, treffen auf die Chinaberichterstattung in der hier durchgeführten Operationalisierung nur vier von acht Merkmalen eindeutig zu: Regionalismus, Elitenzentrierung und Vernachlässigung des Kontextes. Das bedeutet, dass die Chinaberichterstattung 2008 nur *teilweise* den acht zentralen Auslandsberichterstattungsmerkmalen entspricht.

Tabelle 21: Gesamtüberblick: Ergebnisübersicht je nach Merkmal und Indikator

Merkmal	Indikatoren	Ergebnis pro Indikator	Ergebnis insgesamt
Eingeschränkte Quellenlage	a) Geringe Quellenanzahl b) Geringe Quellenvielfalt c) Dominanz von Nachrichtenagenturen	Nein Ja Nein	Uneindeutig mit Tendenz zur guten Quellenlage
Nationalisierte Perspektive	a) Meistens deutsche Akteure b) Meistens deutsche Quellen c) Meistens Deutschland als Berichterstattungsland d) Die meisten Artikel mit Deutschlandbezug	Nein Nein Nein Ja	Uneindeutig mit Tendenz zur nicht-nationalisierten Perspektive
Regionalismus	a) Häufige Erwähnung weniger Regionen b) Keine Erwähnung anderer Regionen	Ja Ja	Eindeutig Regionalismus
Krisenzentrierung	a) Meistens Artikel mit Krisen als Hauptthema b) Meistens Bilder mit Krisendarstellung	Ja Nein	Uneindeutig
Politikzentrierung	a) Meistens Artikel aus dem Ressort Politik b) Meistens Artikel aus dem Sachbereich Politik c) Meistens Politik-Akteure	Nein Ja Ja	Uneindeutig mit Tendenz zur Politikzentrierung
Elitenzentrierung	Meistens Elite-Akteure	Ja	Eindeutig Elitenzentrierung
Vernachlässigung des Kontextes	Weniger Hintergrund- als Vordergrundberichterstattung	Ja	Eindeutig Vernachlässigung des Kontextes
Negativzentrierung	a) Meistens Krisen im negativen Zusammenhang b) Meistens negative Bewertung Chinas c) Große Anzahl an chinakritischen Themen	Ja Nein Ja	Uneindeutig mit Tendenz zur Negativzentrierung

H 3: In Haupthypothese H 3 wird angenommen, *dass die Chinaberichterstattung 2008 der deutschen überregionalen Tageszeitungen je nach Ereignis unterschiedlich ist.* Dies wird empirisch weder eindeutig bestätigt noch entkräftet. Zwar hat die Überprüfung der Unterhypothesen H 3a bis H 3h gezeigt, dass je nach Ereignis die Merkmale unterschiedlich stark bzw. schwach *ausgeprägt* sind. Zu berücksichtigen ist aber auch, ob ein Merkmal *insgesamt* auf ein Ereignis zutrifft (vgl. Tabelle 22). Zur Beantwortung von Hypothese H 3 sollen beide Aspekte berücksichtigt werden, um ein differenzierteres Gesamtbild zu erzielen:

Bezüglich der unterschiedlichen Ausprägungen, nachgewiesen über die Unterhypothesen, wird H 3 bestätigt. Die Merkmale sind je nach Ereignis unterschiedlich schwach oder stark ausgeprägt. Bezüglich der Gesamtbetrachtung hingegen, ob ein

Merkmal generell vorliegt, wird H 3 widerlegt. Die Ereignisse ähneln sich bloß im Vorkommen bzw. Nicht-Vorkommen der vier Merkmale Eingeschränkte Quellenlage, Nationalisierte Perspektive, Regionalismus und Krisenzentrierung. Hinsichtlich der übrigen vier Merkmale unterscheiden sich die Chinaereignisse jedoch.

Aus diesen uneindeutigen Ergebnissen wird geschlussfolgert: *Ob sich die Chinaberichterstattung je nach Ereignis unterscheidet, ist vom Merkmal abhängig.*

Tabelle 22: Je nach Ereignis: Ergebnisübersicht pro Merkmal

Merkmal	Tibetkonflikt	Sichuan-Erdbeben	Olympische Spiele
Eingeschränkte Quellenlage	Nein	Nein	Nein
Nationalisierte Perspektive	Nein	Nein	Nein
Regionalismus	Ja	Ja	Ja
Krisenzentrierung	Nein	Ja	Nein
Politikzentrierung	Ja	Nein	Tendenz
Elitenzentrierung	Ja	Nein	Ja
Vernachlässigung des Kontextes	Ja	Ja	Ja
Negativzentrierung	Ja	Tendenz	Tendenz

H 4: In Haupthypothese H 4 wird angenommen, *dass die Chinaberichterstattung 2008 der deutschen überregionalen Tageszeitungen je nach Phase unterschiedlich ist.* Dies wird empirisch weder eindeutig bestätigt noch entkräftet. Genau wie bei H 3 zeigt auch hier die Überprüfung der Unterhypothesen H 4a bis H 4h, dass je nach Phase die Merkmale unterschiedlich stark bzw. schwach *ausgeprägt* sind, aber nicht berücksichtigt wird, ob ein Merkmal *insgesamt* auf eine Phase zutrifft (vgl. Tabelle 23). Auch hier sollen zur Beantwortung von Hypothese H 4 beide Aspekte berücksichtigt werden.

Tabelle 23: Je nach Phase: Ergebnisübersicht pro Merkmal

Merkmal	P1	P2	P3	P4	P5
Eingeschränkte Quellenlage	Nein	Nein	Nein	Nein	Nein
Nationalisierte Perspektive	Nein	Nein	Nein	Nein	Nein
Regionalismus	Ja	Ja	Ja	Ja	Ja
Krisenzentrierung	Nein	Nein	Ja	Nein	Nein
Politikzentrierung	Nein	Ja	Ja	Ja	Nein
Elitenzentrierung	Ja	Ja	Ja	Ja	Nein
Vernachlässigung des Kontextes	Ja	Ja	Ja	Ja	Ja
Negativzentrierung	Tendenz	Tendenz	Ja	Ja	Ja

Hinsichtlich der unterschiedlichen Ausprägungen, nachgewiesen über die Unterhypothesen, kann H 4 bestätigt werden. Die Merkmale sind grundsätzlich je nach Phase unterschiedlich stark ausgeprägt. Bezüglich der Gesamtbetrachtung hingegen, ob ein Merkmal generell vorliegt, wird H 4 widerlegt. Die Phasen gleichen sich bloß im Vorkommen bzw. Nicht-Vorkommen der Merkmale Eingeschränkte Quellenlage,

Nationalisierte Perspektive, Regionalismus und Kontextvernachlässigung, sie unterscheiden sich jedoch in den anderen vier Merkmalen.

Auch bei Hypothese H4 kann also nur folgender Schluss gezogen werden: *Ob sich die Chinaberichterstattung je nach Phase unterscheidet, ist vom Merkmal abhängig.*

H 5: In Haupthypothese H 5 wird angenommen, *dass die Chinaberichterstattung 2008 der deutschen überregionalen Tageszeitungen je nach Medium unterschiedlich ist.* Dies lässt sich empirisch weder eindeutig bestätigen noch entkräften. Auch hier hat die Überprüfung der Unterhypothesen H 5a bis H 5h gezeigt, dass je nach Medium die Merkmale unterschiedlich stark bzw. schwach *ausgeprägt* sind. Nicht berücksichtigt wird dabei, ob ein Merkmal *insgesamt* auf ein Medium zutrifft (vgl. Tabelle 24). Unter Berücksichtigung beider Aspekte kann H 5 folgendermaßen beantwortet werden:

Bezüglich der unterschiedlichen Ausprägungen, nachgewiesen über die Unterhypothesen, kann H 5 bestätigt werden. Die Merkmale sind grundsätzlich je nach Medium unterschiedlich stark ausgeprägt. Bezüglich der Gesamtbetrachtung hingegen, ob ein Merkmal generell vorliegt, kann H 5 nicht bestätigt werden, es liegt aber eine starke Tendenz vor: Die Medien ähneln sich bezüglich ihrer Chinaberichterstattung in nahezu allen Merkmalen. Allein beim Merkmal Politikzentrierung unterscheiden sich die Zeitungen.

Daraus wird der Schluss gezogen: *Tendenziell ähnelt sich die Chinaberichterstattung je nach Medium.*

Tabelle 24: Je nach Medium: Ergebnisübersicht pro Merkmal

Merkmal	SZ	FAZ	Die Welt
Eingeschränkte Quellenlage	Nein	Nein	Nein
Nationalisierte Perspektive	Nein	Nein	Nein
Regionalismus	Ja	Ja	Ja
Krisenzentrierung	Nein	Nein	Nein
Politikzentrierung	Tendenz	Ja	Ja
Elitenzentrierung	Ja	Ja	Ja
Vernachlässigung des Kontextes	Ja	Ja	Ja
Negativzentrierung	Tendenz	Tendenz	Tendenz

H 1: Zum Schluss kann nun auch Haupthypothese H 1 beantwortet werden, nach der die *Chinaberichterstattung 2008 deutscher überregionaler Tageszeitungen den laut Literatur zentralen Merkmalen der Auslandsberichterstattung entspricht, sich aber je nach Ereignis, Ereignisphase und Medium unterscheidet.* Angesichts der oben dargestellten stark uneindeutigen Ergebnisse muss auch H 1 auf mehreren Ebenen beantwortet werden:

Geht man ins Detail und berücksichtigt die unterschiedlichen *Ausprägungen* eines Merkmals (Liegt ein Merkmal eindeutig oder tendenziell vor bzw. nicht vor?), so gibt es je nach Ereignis, Phase und Medium definitiv Unterschiede. Fragt man jedoch danach, ob ein Merkmal *insgesamt* je nach Ereignis, Phase, Medium unterscheidet, ist das Ergebnis weniger eindeutig: Die deutsche überregionale Chinaberichterstattung 2008 entspricht nur *teilweise* den acht zentralen Auslandsberichterstattungsmerkmalen, da nur vier eindeutig zutreffen.

Ob sich die Chinaberichterstattung je nach Ereignis unterscheidet, ist vom Merkmal abhängig: Bei vier Merkmalen gleichen sich die Ereignisse, bei vier unterscheiden sie sich.

Dasselbe gilt für den Phasenvergleich: Bei vier Merkmalen unterscheidet sich die Chinaberichterstattung je nach Phase, bei den anderen vier Merkmalen nicht.

Im Medienvergleich kann immerhin festgestellt werden, dass sich die Chinaberichterstattung je nach Medium eher ähnelt als unterscheidet. Keine der Haupthypothesen kann also eindeutig bestätigt werden, aber auch nicht eindeutig verneint.

In jedem Fall trifft folgende Aussage eindeutig zu: *Die Chinaberichterstattung 2008 deutscher überregionaler Tageszeitungen unterscheidet sich hinsichtlich der Merkmale Krisenzentrierung, Politikzentrierung, Elitenzentrierung und Negativzentrierung je nach Ereignis und je nach Ereignisphase.*

Angesichts der hier deutlich werdenden Merkmalabhängigkeit, lautet die abschließende Schlussfolgerung dieses Kapitels daher: *Die Chinaberichterstattung 2008 der überregionalen deutschen Tageszeitungen unterscheidet sich je nach Auslandsberichterstattungsmerkmal.*

8 Schlussbetrachtung

In der vorliegenden Untersuchung wurde versucht, ein Bewusstsein für die Komplexität der Chinaberichterstattung zu schaffen. Eindeutig zu klassifizieren ist sie auf keinen Fall, das zeigen die stark interpretationsbedürftigen Ergebnisse. Sie basieren auf dem Vergleich zahlreicher Variablen: Drei China-Ereignisse mit jeweils fünf Ereignisphasen in drei deutschen überregionalen Tageszeitungen wurden anhand von acht Merkmalen inhaltsanalytisch untersucht. Durch diese Differenzierung sollte, im Kontrast zur generalisierenden Kritik an der deutschen Chinaberichterstattung, eine einseitige Herangehensweise vermieden werden. Entsprechend differenziert sind auch die Resultate:

Insgesamt ist die deutsche Chinaberichterstattung 2008 tatsächlich teilweise ‚einseitig', wie es von den Kritikern bemängelt wird: Der Fokus liegt auf wenigen Regionen, die Medien bilden nicht die geografische Bandbreite Chinas ab. Im Mittelpunkt stehen Eliten, nicht die durchschnittliche Bevölkerung. Auch wird stark ereignisorientiert berichtet, die Hintergrundberichterstattung vernachlässigt. Es gibt also Hinweise darauf, dass in der deutschen Chinaberichterstattung nicht genügend eingeordnet wird, was angesichts des weit entfernten, oft widersprüchlich wirkenden Vielvölkerstaats sehr problematisch ist. Hier scheint tatsächlich die Gefahr zu bestehen, dass ein undifferenziertes Bild von China vermittelt wird und bereits vermittelt wurde.

Darauf weist auch die Tendenz zur Negativzentrierung hin: Wenn Krisen vorkommen, wird nicht positiv, lösungsorientiert, sondern eher negativ, defizitfokussiert berichtet. Kaum ein Artikel kommt ohne eine Vielzahl von chinakritischen Themen aus, von denen manche immer wieder die Agenda dominieren: die schlechte Menschenrechtslage, die zensierten Medien, die Unterdrückung ethnischer und religiöser Minderheiten sowie die Zweifel daran, ob die Olympischen Spiele an China hätten vergeben werden sollen. Dass die Volksrepublik als Gesamtheit gar nicht so negativ bewertet wird, fällt dem Leser womöglich kaum noch auf.

Auch die Tendenz zur Politikzentrierung ist in der Chinaberichterstattung vorhanden. Politische Meinungsführer bestimmen die in den Artikeln behandelten Handlungen und Aussagen. Wie in anderen Studien bereits kritisiert, birgt das die Gefahr, dass China nur auf politischer Ebene wahrgenommen wird: Hinter der autoritären chinesischen Regierung und den Parteikadern rückt das chinesische Individuum (der Umweltaktivist, die Künstlerin, der Journalist, die Rentnerin) in den Hintergrund. Dass damit automatisch auch eine Negativtendenz entsteht, ist sehr wahrscheinlich, da die autoritäre Ein-Parteien-Regierung mit Sicherheit negativer wahrgenommen wird als die normale Bevölkerung.

Doppeldeutig ist der Umgang mit Krisen, die in der vorliegenden Arbeit vom Merkmal Negativzentrierung abgegrenzt werden. Auf den meisten Bildern ist keine Krise zu sehen. Dafür stehen Krisen aber thematisch im Vordergrund: In den meisten Artikeln gehören sie zum Hauptthema. In Kombination mit einer Negativtendenz kann das verstärkt den Eindruck hervorrufen, es werde chinafeindlich berichtet.

Die Kritik der chinesischen Bevölkerung, chinesischer Politiker und deutscher Wissenschaftler kann hier also teilweise bestätigt werden. Doch die Chinaberichterstattung ist nicht nur einseitig: Die tendenziell gute Quellenlage (viele Quellenverweise und sehr wenig Nachrichtenagenturmaterial) zeigt, dass sich die überregionalen Tageszeitungen um eine gesicherte Faktengrundlage bemühen. Dass damit der Vereinheitlichungstendenz entgegengewirkt wird, die in der Literatur an der Auslandsberichterstattung bemängelt wird, kann damit nicht behauptet werden: Immerhin liegt eine geringe Quellenvielfalt vor. Dafür weist die Chinaberichterstattung, im Gegensatz zu vielen anderen Studien, tendenziell keine nationalisierte, Deutschland-zentrierte Perspektive auf: Nicht deutsche, sondern chinesische Akteure und Quellen stehen im Vordergrund. China, nicht Deutschland ist primäres Berichterstattungsland. All das sind klare Hinweise auf eine von vielfältigen Perspektiven geprägte deutsche Chinaberichterstattung.

Das Ergebnis wiederspricht damit auch der Grundannahme, dass die Chinaberichterstattung von den acht zentralen Auslandsberichterstattungsmerkmalen geprägt ist, von denen viele zentrale *Mängel* darstellen. Nur drei treffen zu: Die Medien berichten eindeutig regionen- und elitenzentriert über China und vernachlässigen den Kontext. Alle anderen fünf Merkmale können weder eindeutig bestätigt noch widerlegt werden, da manche Indikatoren für ein Merkmal sprechen, andere dagegen. Eine weitere Grundannahme lautet, dass sich die Chinaberichterstattung 2008 je nach Ereignis, Phase und Medium unterscheidet. Auch das kann nicht eindeutig beantwortet werden. Während im Medienvergleich eher eine *ähnliche* Chinaberichterstattung vorliegt, sind die Ergebnisse des Ereignis- und Phasenvergleichs stark vom jeweiligen Merkmal abhängig: Bei dem einen Merkmal unterscheidet sich die Berichterstattung, bei dem anderen nicht.

Der Vergleich der Ergebnisse dieser Arbeit mit vorhergehenden Studien zur Auslandsberichterstattung ist problematisch. Studien zur Auslands- und Chinaberichterstattung (und auch zu anderen Untersuchungsgegenständen) basieren eben auf unterschiedlichen Kategorien, entsprechend der jeweiligen Forschungsperspektive. Die untersuchten Merkmale werden zudem unterschiedlich komplex und anhand verschiedener Indikatoren untersucht. Zum Beispiel wird in der vorliegenden Studie die Quellenlage anhand von drei Indikatoren analysiert, in anderen Untersuchungen nur von einem. Dadurch lässt sich nicht feststellen, ob beispielsweise in der Nahostberichterstattung eine Eingeschränktere Quellenlage vorliegt als in der Chinaberichterstattung. Bei einigen Studien ist die Vorgehensweise zudem nicht intersubjektiv nachvollziehbar, was eine verlässliche Deutung der Ergebnisse erschwert.

So ist es kein Wunder, dass im Vergleich dieser Studie zu anderen Arbeiten diverse Abweichungen deutlich werden. Nur drei der laut Literatur zentralen Auslandsberichterstattungsmerkmale kommen laut vorliegender Untersuchung in der Chinaberichterstattung 2008 eindeutig vor. Auch ist keine grundsätzliche Mangelhaftigkeit feststellbar, wie sie zum Beispiel von Amendt und Poerner attestiert wird. Bestätigt werden können aber einige zentrale Kritikpunkte an der Chinaberichterstattung: Tatsächlich weist diese im Jahr 2008 Negativismus, einen Schwerpunkt bei Problemthemen und eine mangelnde Kontextualisierung auf. Nicht nur beim Vergleich von Ereignis, Phase und Medium wird *die Abhängigkeit vom jeweiligen Merkmal* deutlich, sondern auch beim Vergleich der Forschungsergebnisse.

Genau hier liegt die zentrale Erkenntnis dieser Arbeit: Die Einschätzung des Charakters der deutschen Chinaberichterstattung ist vom Merkmal, und damit vom jeweiligen Aspekt abhängig, den man als ForscherIn unter die Lupe nimmt. Hier wird deutlich, wie sehr nicht nur die Medienbotschaften der JournalistInnen, sondern auch Forschungsergebnisse kontextualisiert werden müssen. Betrachtete man die Chinaberichterstattung ausschließlich hinsichtlich des Aspekts Nationalisierte Perspektive, so würde man sie ausdrücklich loben. Fokussierte man sich hingegen auf den Aspekt Hintergrundberichterstattung, würde man einen weiteren ‚Beweis' für die Mangelhaftigkeit der deutschen Berichterstattung liefern.

Inhaltsanalysen haben von Natur aus einen verzerrten Blick auf ihren Untersuchungsgegenstand – immerhin geht es bei dieser Methode, wie in Kapitel 6 beschrieben, um die Reduktion der komplexen sozialen Wirklichkeit auf ihre zentralen Strukturen. Aus einer bestimmten Forscherperspektive heraus werden allein die für die Forschungsfrage interessanten Faktoren untersucht, dabei irrelevante Merkmale ausgeblendet, um die relevanten hervorzuheben. Damit tun KommunikationswissenschaftlerInnen nichts anderes als JournalistInnen.

So gilt nicht nur für die Auslandsberichterstattung, sondern auch für die Wissenschaft, sich für vermeintliche Verzerrungen der eigenen Forschungsperspektive zu sensibilisieren – für die Qualität der Quellenlage, eine vermutlich national geprägte Perspektive, die Fokussierung auf bestimmte Bereiche und die damit einhergehende Ausblendung anderer Regionen, die Orientierung an konfliktbehafteten und damit eventuell wenig repräsentativen Untersuchungsgegenständen, der Reduktion ganzer Länder auf ihre Politiker-Elite, die Vernachlässigung des Kontextes durch die Fokussierung auf Kategorien, die nur einen bestimmten Aspekt des Untersuchungsobjekts hervorheben und zuletzt auch für die Gefahr, dem Negativzentrismus zu verfallen.

Entsprechend soll nun auf die Beschränkungen der vorliegenden Untersuchung eingegangen werden.

Zu berücksichtigen ist zum einen, dass je nach Ereignis und Zeitung ein unterschiedlicher Berichterstattungsumfang vorliegt und damit eine unterschiedliche Datengrundlage. Zum Beispiel wird über die Olympischen Spiele mehr als doppelt so viel publiziert wie über den Tibetkonflikt. Dementsprechend sind die Ergebnisse stark von den Daten zu den Olympischen Spielen beeinflusst.

Problematisch hat sich auch die Einteilung in Phasen für die Ergebnisinterpretation herausgestellt. So kommt es vor, dass bestimmte Phasen unterschiedlich vertreten sind. Beim Sichuan-Erdbeben zum Beispiel liegt insgesamt keine erste Phase vor. Dies hat natürlich Einfluss auf die Ergebnisse der Inhalte, die in der ersten Phase inhaltlich nur noch von zwei Ereignissen beeinflusst werden, nicht von dreien. Auch weisen langfristig geplante Großereignisse wie die Olympischen Spiele offenbar eine andere Dynamik auf als plötzlich eintretende Geschehnisse wie das Sichuan-Erdbeben und der Tibetkonflikt: Bei den Olympischen Spielen ballt sich die Berichterstattung in der ersten Phase schon vor Beginn der Eröffnungsfeier. Bei den anderen Ereignissen hingegen findet die Berichterstattung erst später ihren Höhepunkt. Auch das wirkt sich auf die inhaltlichen Ergebnisse aus. In der vorliegenden Untersuchung werden diese Unterschiede in der Phaseneinteilung nicht berücksichtigt. Für spätere Untersuchungen wäre das aber zu empfehlen, um Ergebnisverzerrungen zu vermeiden.

Zu überlegen wäre zudem, ob inhaltliche Vergleiche zwischen Ereignissen, in denen keine synchrone Phaseneinteilung möglich ist, grundsätzlich akzeptabel sind oder ob das Konzept hier nicht an seine Grenzen stößt. Immerhin möchte Kolb mit dem Themenzykluskonzept Vergleichbarkeit erreichen. Bei teilweise fehlenden Phasen ist das nicht möglich.

Auch in Bezug auf die Operationalisierung der Merkmale gibt es im Nachhinein Korrekturbedarf: Wie bereits erwähnt sollte zur Bestimmung der Quellenlage in Zukunft die Methode der Inhaltsanalyse durch eine Befragung des Journalisten ergänzt werden, da Quellenangaben in Medientexten oft unvollständig sind bzw. keine Rückschlüsse auf die tatsächlich genutzten Quellen zulassen.

Eine weitere Schwäche weist die Operationalisierung des Merkmals Negativzentrierung hinsichtlich der chinakritischen Themen auf: In der vorliegenden Arbeit wird lediglich gezählt, wie viele der vorgegebenen chinakritischen Themen vorkommen. Nicht erfasst werden aber die positiven Chinathemen. Erst wenn man beide Extreme in Kontrast setzt, kann bestimmt werden, wie negativzentriert die Chinaberichterstattung tatsächlich ist. Die chinakritischen Themen hätte man also weitaus tiefgründiger untersuchen sollen. Dies wäre allerdings weitaus aufwändiger gewesen und hätte den Rahmen dieser Inhaltsanalyse gesprengt. An dieser Stelle wäre eine qualitative Untersuchung angemessen, die sich zum Beispiel vorrangig auf den Aspekt der Negativzentrierung konzentriert.

Bezüglich des Merkmals der Vernachlässigung des Kontextes stellt sich noch eine grundsätzliche Frage: In der vorliegenden Arbeit liegt immer dann Kontextvernachlässigung vor, wenn ein Artikel weniger als 50 Prozent Hintergrundberichterstattung aufweist. Auf diese Weise ist eine erste Orientierung möglich, um sagen zu können, ob die ereignisorientierte Berichterstattung tatsächlich überwiegt, wie in der

Literatur angenommen. Diese Festlegung sollte allerdings hinterfragt werden: Ist es angemessen, bei einem tagesaktuellen Medium zu kritisieren, dass weniger Hintergrund- als Ereignisberichterstattung vorkommt? Kann es überhaupt eine nicht-ereignisorientierte Auslandsberichterstattung in tagesaktuellen Medien geben? Für zukünftige Studien wäre zu empfehlen, das Merkmal der Kontextvernachlässigung weniger streng zu handhaben, also zum Beispiel bei Artikeln mit 30 Prozent Hintergrundberichterstattung noch nicht auf Kontextvernachlässigung zu schließen.

Angeführt werden sollen an dieser Stelle Ideen zu möglichen Folgeuntersuchungen. Die oben dargestellten, eher uneindeutigen Resultate bestätigen zum einen die Kritiker der Chinaberichterstattung, zum anderen wecken sie auch Zweifel an der Berechtigung der Kritik. Deutlich wird, dass zur Chinaberichterstattung intensiver – über längere Zeiträume, Medien und Ereignisse hinweg – geforscht werden sollte, um auf solider Datengrundlage gesellschaftlich und politisch debattieren zu können.

Die hier anhand der Chinaberichterstattung 2008 untersuchten acht zentralen Merkmale bieten eine Grundlage für vertiefende Studien auf verschiedenen Ebenen. Bei den Merkmalen Negativzentrierung, Eingeschränkte Quellenlage und Kontextvernachlässigung würden sich zum Beispiel angesichts deren Komplexität qualitative Inhaltsanalysen anbieten bzw. Mehrmethodenstudien, die Inhaltsanalyse und Journalistenbefragung kombinieren. Interessant wäre auch die Erforschung von Korrelationen zwischen den einzelnen Merkmalen: Geht zum Beispiel Politikzentrierung mit Negativzentrierung einher?

In der Vielländerstudie von Sreberny-Mohammadi (1985) kommt China gar nicht vor. Anhand der hier generierten acht Auslandsberichterstattungsmerkmale wäre ein Vergleich möglich: Unterscheidet sich die Chinaberichterstattung von der Berichterstattung über andere Länder? Welchen Einfluss hat zum Beispiel die Zensur auf die Inhalte? Weist die Berichterstattung über Länder, die zensieren, zum Beispiel automatisch mehr Politik- und Elitenzentrierung auf, weil die Bevölkerung Repressalien fürchten muss, wenn sie sich interviewen lässt?

Die vorliegende Arbeit analysiert nur einen Ausschnitt aus der deutschen Chinaberichterstattung. Zum Beispiel werden ausschließlich überregionale Tageszeitungen untersucht. Welche Merkmale weist hingegen die Chinaberichterstattung im Fernsehen, Hörfunk oder Internet auf? Welchen Einfluss haben Online-Videoportale, Blogs und Twitter auf die Auslandsberichterstattung über China oder generell über Länder, in denen Zensur herrscht?

Auch werden in der vorliegenden Arbeit ausschließlich Ereignisse untersucht. Welche Merkmalsausprägungen weist hingegen die ‚normale', alltägliche, nicht ereignisbezogene Chinaberichterstattung auf? Ist sie vielleicht weniger einseitig als die ereignisbezogene? Ist sie vielleicht ‚repräsentativer'?

Die Ausschnitthaftigkeit der vorliegenden Arbeit verdeutlicht auch, wie nötig die Durchführung einer Langzeitstudie in Bezug auf die Chinaberichterstattung ist. Zwar wird von Poerner und Trampedach die Entwicklung der Chinaberichterstattung skizziert, allerdings ohne empirische Fundierung. Die Studie von Richter und Gebauer bezieht sich zwar umfassend, aber doch stark fokussiert auf das Jahr 2008. Eine Längsschnitt-Studie hingegen würde eine bessere Einordnung von punktuellen Studien zu bestimmten Zeitabschnitten oder Themenaspekten ermöglichen.

Generell soll hier eine deutliche Ausweitung bzw. Vertiefung der Forschung zur deutschen Chinaberichterstattung angeregt werden. China hat sich in den vergangenen Jahren zu einem strategisch bedeutenden Akteur in der internationalen Politik entwickelt. Die innen- und außenpolitischen, wirtschaftlichen, gesellschaftlichen, umwelttechnischen und rechtsstaatlichen Entwicklungen in China beeinflussen auch die deutsche Politik. Medien sind wiederum wichtiger Bestandteil eines komplexen gesellschaftlichen Meinungsbildungsprozesses. Ihre Berichterstattung kann also die Chinapolitik und die Haltung der Gesellschaft gegenüber China beeinflussen. Auch dafür ist das Jahr 2008 ein gutes Beispiel: Medien können, zum Beispiel durch ihre Tibetberichterstattung, weltweit Demonstranten zu antichinesischen Protesten motivieren. Oder sie sorgen durch eine sympathiebekundende Katastrophenberichterstattung dafür, dass Deutsche Millionen für chinesische Erdbebenopfer spenden. Medien können durch eine politik- und elitenzentrierte Berichterstattung suggerieren, dass China nur aus gefühllosen Parteikadern besteht. Sie können aber auch durch eine bunte Olympia-Berichterstattung, die mit Alltagssituationen und vielen persönlichen Geschichten gefüllt ist, ein menschliches Bild von China zeichnen.

9 Literatur

Aldenrath, Petra (2008): Medienkrieg zwischen China und dem Westen. Im Internet unter: http://www.tagesschau.de/multimedia/audio/audio16580.html [letzter Zugriff am 03.02.2011]

Amendt, Günter (1968): China. Der deutschen Presse Märchenland, Berlin: Voltaire Verlag

Amnesty International (2008): One thousand protesters unaccounted for in Tibet lock-down. Im Internet unter: http://www.amnesty.org/en/news-and-updates/report/china-one-thousand-protesters-unaccounted-tibet-lock-down-20080620 [letzter Zugriff am 03.02.2011]

Amnesty International (2009): Unrest in Tibet continues as human rights violations escalate. Im Internet unter: http://www.amnesty.org/en/news-and-updates/news/unrest-tibet-continues-human-rights-violations-escalate-20090310 [letzter Zugriff am 03.02.2011]

Ärzte ohne Grenzen (2008): Erdbeben in China: „Es wird Jahre dauern, bis die Menschen wieder ein normales Leben führen können". Im Internet unter: http://www.aerzte-ohne-grenzen.at/site/global/report.html?id=11318 [letzter Zugriff am 03.02.2011]

Auswärtiges Amt (2010): Beziehungen zwischen der Volksrepublik China und Deutschland. Im Internet unter: http://www.auswaertiges-amt.de/DE/Aussenpolitik/Laender/Laenderinfos/China Bilateral_node.html [letzter Zugriff am 03.02.2011]

Axel Springer media impact (2009): Copytest. Die Welt. Gesamtausgabe vom 18. September 2009. Im Internet unter: http://www.axelspringer-mediapilot.de/dl/148050/DIEWELT_Gesamt_Copytest_2009.pdf [letzter Zugriff am 03.02.2011]

Axel Springer Mediapilot (2009): Die Welt. Im Internet unter: http://www.axelspringer-mediapilot.de/portrait/DIE-WELT-DIE-WELT_671154.html [letzter Zugriff am 03.02.2011]

Bai Xu (2009): A total of 5,335 students in Sichuan dead or missing from May 12 earthquake. Im Internet unter: http://news.xinhuanet.com/english/2009-05/07/content_11328289.htm [letzter Zugriff am 03.02.2011]

Behrens, Wolfhard Karl Wilhelm (1978): Aspekte chinesischer Außenpolitik unter besonderer Berücksichtigung ihrer Perzeption in ausgewählten deutschen Zeitungen, Bonn: Rheinische Friedrich-Wilhelms-Universität, Dissertation

Berlin, Michael (1992): Turmoil at Tiananmen. A Study of U.S. Press Coverage of the Beijing Spring of 1989. Im Internet unter: http://tsquare.tv/themes/TatTcontent.html [letzter Zugriff am 03.02.2011]

Bild.de (2008): Soll Olympia boykottiert werden? Im Internet unter: http://www.bild.de/BILD/news/politik/2008/03/26/tibet-kloester-china/erster-moench-verhungert.html [letzter Zugriff am 08.02.2011]

Bonfadelli, Heinz (2002): Medieninhaltsforschung. Grundlagen, Methoden, Anwendungen, Konstanz: UVK Verlagsgesellschaft

Braun, Johanna (2010): Das Nationen-„Bild" Chinas im Nachrichtenmagazin „Der SPIEGEL". Eine vergleichende Bildanalyse der Jahrgänge 2004 und 2009, Ilmenau: Technische Universität Ilmenau, Bachelor-Arbeit

Brosius, Hans-Bernd/Koschel, Friederike (2001): Methoden der empirischen Kommunikationsforschung. Eine Einführung, Wiesbaden: Westdeutscher Verlag

Bundesfinanzministerium (2011): Pressekontakt. Unsere Ansprechpartner. Kontakt für Medienvertreter. Im Internet unter: http://www.bundesfinanzministerium.de/nn_56998/DE/Presse/Presse kontakt/Ansprechpartner/node.html?__nnn=true [letzter Zugriff am 03.02.2011]

Chen, Gi-Shih (1988): Taiwan und VR China in der deutschen Presse. Am Beispiel von „Frankfurter Allgemeine Zeitung“, „Süddeutsche Zeitung“, „Die Welt“ und „Frankfurter Rundschau“, Hamburg: Universität Hamburg, Magisterarbeit

Crienglish.com (2008): July 25: The Olympic Main Press Center. Im Internet unter: http://english.cri.cn/6066/2008/07/25/53s385544.htm [letzter Zugriff am 03.02.2011]

CRI Online Deutsch (2008): Deutsche Medien bereiten sich auf Berichterstattung über Olympische Spiele in Beijing vor. Im Internet unter: http://german.cri.cn/401/2008/07/24/1s97093.htm [letzter Zugriff am 03.02.2011]

Dayan, Daniel (2008): Beyond Media Events. Disenchantment, Derailment, Disruption, in: Price, Monroe E./Dayan, Daniel (Hrsg.): Owning the Olympics. Narratives of the New China, Ann Arbor: The University of Michigan Press, 391-401

Dayan, Daniel/Katz, Elihu (1996): Media Events. The Live Broadcasting Of History, Cambridge u.a.: Harvard University Press

Die Bundesregierung (2008a): China. Ein „Krankenhaus aus der Kiste“, in: Magazin zur Entwicklungspolitik, Nr. 65, 06/2008. Im Internet unter: http://www.bundesregierung.de/nn_774/Content/DE/Magazine/MagazinEntwicklungspolitik/065/t1-steinmeier-drk-china-krkhaus.html [letzter Zugriff am 03.02.2011]

Die Bundesregierung (2008b): Tibet-Konflikt braucht Aufklärung, Transparenz und Dialog. Im Internet unter: http://www.bundesregierung.de/nn_914534/Content/DE/Archiv16/Artikel/2008/03/2008-03-25-tibet-steg.html [letzter Zugriff am 03.02.2011]

Die Bundesregierung (2008c): Rettern läuft die Zeit davon. Im Internet unter: http://www.bundesregierung.de/nn_774/Content/DE/Archiv16/Artikel/2008/05/2008-05-14-erdbeben-in-china.html [letzter Zugriff am 03.02.2011]

Edney, Kingsley (2008): The 2008 Beijing Olympic Torch Relay. Chinese and Western Narratives, in: China aktuell. Journal of Current Chinese Affairs, Hamburg: Institut für Asien-Studien am German Institute of Global and Area Studies, 111-125

Europäisches Parlament (2008): Entschließung des Europäischen Parlaments vom 10. April 2008 zu Tibet. Im Internet unter: http://www.europarl.europa.eu/meetdocs/2004_2009/documents/dv/d-cn20080602_08/D-CN20080602_08de.pdf [letzter Zugriff am 03.02.2011]

Fleischmann, Karla (2009): Die Darstellung von internationalen politischen Konflikten am Beispiel von China und Tibet. Eine Framing-Studie, Ilmenau: Technische Universität Ilmenau, Diplomarbeit

Frahne, Gerd (1989): Berichte über Chinas Reformperiode. Die Peking-Reporte des WELT-Korrespondenten Herbert Kremp 1977-1981, Bochum: Studienverlag Brockmeyer

Frankfurter Allgemeine Zeitung GmbH (2009): Wo Ihre Werbung wirkt. Werbemöglichkeiten 2010 in der Frankfurter Allgemeinen Zeitung, der Frankfurter Allgemeinen Sonntagszeitung und auf FAZ.NET. Im Internet unter: http://www.faz.net/dynamic/download/aboutus/WoIhreWerbung wirkt_2010.pdf [letzter Zugriff am 03.02.2011]

Friedland, Lewis A./Zhong Mengbai (1996): International Television Coverage Of Beijing Spring 1989. A Comparative Approach, Columbia: Journalism & Mass Communication Monographs

Friedrich, Stefan (2007): Deutschland und die Volksrepublik China seit 1949, in: Fischer, Doris/Lackner, Michael (Hrsg.): Länderbericht China. Geschichte, Politik, Wirtschaft, Gesellschaft, Bonn: Bundeszentrale für politische Bildung, 402-417

Früh, Werner (2007): Inhaltsanalyse. Theorie und Praxis, Konstanz: UVK Verlagsgesellschaft

Gerber, Lydia (2002): Von Voskamps ‘heidnischem Treiben’ und Wilhelms ‘höherem China’. Die Berichterstattung deutscher protestantischer Missionare aus dem deutschen Pachtgebiet Kiautschou 1898-1914, Hamburg: Hamburger Sinologische Gesellschaft

Giles, Robert/Snyder, Robert W./DeLisle, Lisa (2000): Covering China, London: Transaction

Gleich, Uli (2003): Forschungsbeiträge zur Qualitätsdebatte. Qualität im Journalismus am Beispiel der Kriegsberichterstattung, in: media perspektiven, 3/2003, 139-148

Görke, Alexander (2004): Zwischen Selbstbehauptung und Vereinnahmung. Strukturen und Funktion journalistischer Krisenkommunikation, in: Löffelholz, Martin (Hrsg.): Krieg als Medienereignis 2. Krisenkommunikation im 21. Jahrhundert, Wiesbaden: VS Verlag für Sozialwissenschaften, 121-144

Grittmann, Elke (2001): Fotojournalismus und Ikonographie. Zur Inhaltsanalyse von Pressefotos, in: Wirth, Werner/Lauf, Edmund (Hrsg.): Inhaltsanalyse. Perspektiven, Probleme, Potentiale, Köln: Herbert von Halem Verlag, 262-279

Gui, Hao et al. (2004): Massenmedien in der Volksrepublik China, Bochum: Projekt Verlag

Gür, Gürsel (1997): Das Türkeibild in der deutschen Presse unter besonderer Berücksichtigung der EU-Türkei-Beziehungen. Eine Inhaltsanalyse für den Zeitraum 1987-1995, Frankfurt am Main u.a.: Peter Lang

Hafez, Kai (2010): Das Chinabild deutscher Medien aus kommunikationswissenschaftlicher Perspektive. In: Richter, Carola/Gebauer, Sebastian (2010): Die China-Berichterstattung in den deutschen Medien, Berlin: Heinrich-Böll-Stiftung, 237-258

Hafez, Kai (2005): Auslandsberichterstattung, in: Weischenberg, Siegfried et al. (Hrsg.): Handbuch Journalismus und Medien, Konstanz: UVK, 22-26

Hafez, Kai (2002a): Die politische Dimension der Auslandsberichterstattung. Band 1. Theoretische Grundlagen, Baden-Baden: Nomos Verlagsgesellschaft

Hafez, Kai (2002b): Die politische Dimension der Auslandsberichterstattung. Band 2. Das Nahost- und Islambild der deutschen überregionalen Presse, Baden-Baden: Nomos Verlagsgesellschaft

Hansen, Mette Halskov (2008): Han-Chinesen, in: Staiger, Brunhild et al. (Hrsg.): Das große China-Lexikon. Geschichte, Geographie, Gesellschaft, Politik, Wirtschaft, Bildung, Wissenschaft, Kultur, Darmstadt: Wissenschaftliche Buchgesellschaft, 288-289

Heberer, Thomas (2008a): Nationale Minderheiten, in: Staiger, Brunhild et al. (Hrsg.): Das große China-Lexikon. Geschichte, Geographie, Gesellschaft, Politik, Wirtschaft, Bildung, Wissenschaft, Kultur, Darmstadt: Wissenschaftliche Buchgesellschaft, 526-530

Heberer, Thomas (2008b): Nationalitätenprobleme in China und die Tibet-Frage, in: Der Bürger im Staat, 3/4-2008, 58. Jahrgang, 203-209. Im Internet unter: http://www.buergerimstaat.de/3_4_08/china.pdf [letzter Zugriff am 03.02.2011]

Hilsmann, Christiane (1997): Chinabild im Wandel. Die Berichterstattung der deutschen Presse, Hamburg: Diplomarbeiten Agentur

Holbig, Heike/Schucher, Günter/Schüller, Margot (2008): „One World, Different Dreams". Chinas Aufstieg und die Olympischen Spiele in Beijing, in: GIGA Focus Asien, 8/2008. Im Internet unter: http://www.giga-hamburg.de/dl/download.php?d=/content/publikationen/pdf/gf_asien_0808.pdf [letzter Zugriff am 03.02.2011]

Hong Kong Red Cross (2009): Sichuan Earthquake. Facts & Data. Im Internet unter: http://www.redcross.org.hk/en/disasterrelief_prepard/china_projects/sichuan_operation_summary/factsdata.html [letzter Zugriff am 03.02.2011]

Hoppe, Thomas/Ramble, Charles (2008): Tibet, in: Staiger, Brunhild et al. (Hrsg.): Das große China-Lexikon. Geschichte, Geographie, Gesellschaft, Politik, Wirtschaft, Bildung, Wissenschaft, Kultur, Darmstadt: Wissenschaftliche Buchgesellschaft, 760-764

Human Rights Watch (2008a): China's Forbidden Zones. Shutting the Media out of Tibet and Other "Sensitive" Stories. Im Internet unter: http://www.hrw.org/reports/2008/china0708/china0708web.pdf [letzter Zugriff am 03.02.2011]

Human Rights Watch (2008b): UN/China. Human Rights Council Should Address Tibet Crisis. Discussion At Session is Curtailed by Procedural Motions. Im Internet unter: http://china.hrw.org/press/news_release/un_china_human_rights_council_should_address_tibet_crisis [letzter Zugriff am 03.02.2011]

Informationsgemeinschaft zur Feststellung der Verbreitung von Werbeträgern e.V. (IVW) (2011): Die detaillierten IVW-Quartalsauflagen 4/2010. Im Internet unter: http://daten.ivw.eu/index.php?menuid=1&u=&p= [letzter Zugriff am 03.02.2011]

International Federation of Red Cross and Red Crescent Societies (IRFC) (2009): Sichuan Earthquake: Facts and Figures. One year commemoration. Im Internet unter: http://www.ifrc.org/Docs/pubs/disasters/sichuan-earthquake/ff070509.pdf [letzter Zugriff am 03.02.2011]

Jarke, Philipp (2008): „Der Dissens unter den Exiltibetern wächst". Interview mit China-Experten. Unruhen unterminieren pazifistisches Credo des Dalai Lama. Beijing fürchtet Vision eines Großtibet, in: German Institute of Globale and Area Studies (Hrsg.): GIGA News, 20. März 2008. Im Internet unter: http://www.giga-hamburg.de/dl/download.php?d=/content/presse/pdf/giga_news_080320_1.pdf [letzter Zugriff am 03.02.2011]

Kamps, Klaus (1998): Nachrichtengeographie. Themen, Strukturen, Darstellung. Ein Vergleich, in: Kamps, Klaus/Meckel, Miriam (Hrsg.): Fernsehnachrichten. Prozesse, Strukturen, Funktionen, Wiesbaden: Opladen, 275-294

Kehrein, Matthias (2008): In the Olympics' Aftermath, China at War with Germany. Xinhua News Agency Sanctions Lawsuit Against the German Media. Im Internet unter: http://www.theepochtimes.com/n2/opinion/olympics-aftermath-china-war-germany-3900.html [letzter Zugriff am 03.02.2011]

Kepplinger, Hans Mathias (2001): Der Ereignisbegriff in der Publizistikwissenschaft, in: Publizistik, Heft 2, 46. Jahrgang, S 117-139

Kestel, Christine (2008): Über Elite. Form und Funktion von Elite-Kommunikation in der Gesellschaft der Gegenwarten, München: Ludwig-Maximilians-Universität München, Dissertation

Klein, Sabine (2008): Chinas Botschafter zu manipulierter tagesschau.de-Umfrage. „Von Beeinflussen kann keine Rede sein". Im Internet unter: http://www.tagesschau.de/ausland/china128.html [letzter Zugriff am 03.02.2011]

Klein, Ulrike (1996): Das internationale Medienereignis D-Day. Presse und kollektives Erinnern nach 50 Jahren, Bochum: Universitätsverlag Brockmeyer

Kolb, Steffen (2005): Mediale Thematisierung in Zyklen. Theoretischer Entwurf und empirische Anwendung, Köln: Herbert von Halem Verlag

Lee Chi-Chuan (1994): China's Media, Media's China, Boulder u.a.: Westview Press

Leutner, Mechthild (2000): Sinologie und Medien. Überlegungen zu einem spannungs-reichen Verhältnis, in: Berliner China-Hefte, Nr. 18, 11-17

Li Hongshan/Hong Zhaohui (Hrsg.) (1998): Image, perception, and the making of U.S.-China relations, Lanham u.a.: University Press of America

Li Xigen/St Cyr, Charles (1998): Human Rights in China. A Pawn of a Political Agenda? A Content Analysis of The New York Times, in: International Communication Gazette, Band 60, Nr. 6, 531-547

Lin-Liu, Hwei-ann (1993): Sprachliche Folgen der ideologisch-politischen Spaltung einer Sprachgemeinschaft in Deutschland und China. Ein Vergleich am Beispiel der Sprache der Zeitungen, Frankfurt am Main u.a.: Peter Lang

Liu Jing (2003): Wahrnehmung des Fremden. China in deutschen und Deutschland in chinesischen Reiseberichten. Vom Opiumkrieg bis zum Ersten Weltkrieg, Freiburg (Breisgau): Universität Freiburg, Dissertation

Liu Weijian (2007): Kulturelle Exklusion und Identitätsentgrenzung. Zur Darstellung Chinas in der deutschen Literatur 1870-1930, Bern u.a.: Peter Lang

Löffelholz, Martin (2004): Krisen- und Kriegskommunikation als Forschungsfeld, in: Löffelholz, Martin (Hrsg.): Krieg als Medienereignis 2. Krisenkommunikation im 21. Jahrhundert, Wiesbaden: VS Verlag für Sozialwissenschaften, 13-55

Lorenz, Andreas (2009): Satire-Missverständnis. China wirft deutschen Medien vulgäre Berichterstattung vor. Im Internet unter: http://www.spiegel.de/kultur/gesellschaft/0,1518, 668523,00.html [letzter Zugriff am 03.02.2011]

Mackerras, Colin (2008): Autonome Gebiete, in: Staiger, Brunhild et al. (Hrsg.): Das große China-Lexikon. Geschichte, Geographie, Gesellschaft, Politik, Wirtschaft, Bildung, Wissenschaft, Kultur, Darmstadt: Wissenschaftliche Buchgesellschaft, 66-67

Mast, Claudia (Hrsg.) (2008): ABC des Journalismus. Ein Handbuch, Konstanz: UVK Verlagsgesellschaft

Maurer, Marcus/Reinemann, Carsten (2006): Medieninhalte. Eine Einführung, Wiesbaden: VS Verlag für Sozialwissenschaften

Meckel, Miriam (1998): Internationales als Restgröße? Strukturen der Auslandsberichterstattung im Fernsehen, in: Kamps, Klaus/Meckel, Miriam (Hrsg.): Fernsehnachrichten. Prozesse, Strukturen, Funktionen, Wiesbaden: Opladen, 257-274

Meckel, Miriam/Kamps, Klaus (2003): Internationale Kommunikation, in: Bentele, Günter et al. (Hrsg.): Öffentliche Kommunikation, Wiesbaden: Westdeutscher Verlag, 481-491

Meng, Juan/Berger, Bruce K. (2008): Comprehensive Dimensions of Government Inter-vention in Crisis Management. A Qualitative Content Analysis of News Coverage of the 2003 SARS Epidemic in China, in: China Media Research, Band 4, Nr. 1

Merten, Klaus (1995): Inhaltsanalyse. Einführung in Theorie, Methode und Praxis, Opladen: Westdeutscher Verlag

Meyn, Hermann (2001): Massenmedien in Deutschland, Konstanz: UVK Medien, 104-107

Mühlhahn, Klaus/Leutner, Mechthild/Trampedach, Tim (2008): Deutschland, in: Staiger, Brunhild et al. (Hrsg.): Das große China-Lexikon. Geschichte, Geographie, Gesellschaft, Politik, Wirtschaft, Bildung, Wissenschaft, Kultur, Darmstadt: Wissenschaftliche Buchgesellschaft, 155-160

Mükke, Lutz (2008): „Der Trend geht zum Generalisten und Feuerwehrmann". Ein Dossier zum Zustand der deutschen Auslandsberichterstattung. Im Internet unter: http://www.netzwerkrecherche.de/docs/nr-dossier-02.pdf [letzter Zugriff am 03.02.2011]

Müller, Olaf (1980): Wachstumseffekte von Naturkatastrophen, Dresden: Technische Universität Dresden, Dissertation

Müller-Hofstede, Christoph (2007): Integration in die Weltordnung. Geschichte und Perspektiven, in: Fischer, Doris/Lackner, Michael (Hrsg.): Länderbericht China. Geschichte, Politik, Wirtschaft, Gesellschaft, Bonn: Bundeszentrale für politische Bildung, 305-331

Mulvenon, James (2008): The Chinese Military's Earthquake Response Leadership Team, in: China Leadership Monitor, Nr. 25. Im Internet unter: http://media.hoover.org/sites/default/files/documents/CLM25JM.pdf [letzter Zugriff am 03.02.2011]

Nafroth, Katja (2002): Zur Konstruktion von Nationenbildern in der Auslandsberichterstattung. Das Japanbild der deutschen Medien im Wandel, Münster u.a.: Lit Verlag

Osterhammel, Jürgen (2008): Exterritorialität, in: Staiger, Brunhild et al. (Hrsg.): Das große China-Lexikon. Geschichte, Geographie, Gesellschaft, Politik, Wirtschaft, Bildung, Wissenschaft, Kultur, Darmstadt: Wissenschaftliche Buchgesellschaft, 208-209

Peuckmann, Lukas (2009): „One World, One Dream?" Das Bild Chinas in der Olympia-Berichterstattung, Berlin: Frank & Timme

Pfeifer, Susanne (2009): Das Image Chinas in den deutschen Medien. Eine Inhaltsanalyse ausgewählter überregionaler deutscher Tageszeitungen im Kontext der Vorbereitung und Austragung der Olympischen Spiele in Peking 2008, Ilmenau: Technische Universität Ilmenau, Diplomarbeit

Poerner, Michael (2009): „Das olympische Feuer brennt. Und mit ihm lodert das Miss-trauen". Die Chinaberichterstattung während der Olympischen Sommerspiele in Beijing 2008, in: China aktuell, 1/2009, 161-180

Poguntke, Werner (2009): Keine Angst vor Mathe. Hochschulmathematik für Einsteiger, Wiesbaden: Vieweg + Teubner

Pürer, Heinz/Raabe, Johannes (2007): Presse in Deutschland, Konstanz: UVK

Quandt, Siegfried/Ratzke, Dietrich (1989): Hintergrundinformation als journalistische Aufgabe. Praktische Erfahrungen – theoretische Perspektiven, in: Publizistik, Jahrgang 34, 117-121

Restall, Hugo (2008): Shifting the Moral High Ground. The Politics of China's Earthquake, in: Global Asia, Band 3, Nr. 2, 74-81

Richter, Carola/Gebauer, Sebastian (2010): Die China-Berichterstattung in den deutschen Medien. Eine Studie von Carola Richter und Sebastian Gebauer. Mit Beiträgen von Thomas Heberer und Kai Hafez, Berlin: Heinrich-Böll-Stiftung

Roemeling-Kruthaup, Susanne von (1991): Politik, Wirtschaft und Geschichte Lateinamerikas in der bundesdeutschen Presse. Eine Inhaltsanalyse der Quantität und Qualität von Hintergrundberichterstattung in überregionalen Qualitätszeitungen am Beispiel der Krisengebiete Brasilien, Chile, Mexiko und Nicaragua, Frankfurt am Main: Vervuert Verlag

Rössler, Patrick (2005): Inhaltsanalyse, Konstanz: UVK

Rullmann, Anja (1996): Modernisierung und Dependenz. Paradigmen internationaler Kommunikationsforschung, in: Meckel, Miriam/Kriener, Markus (Hrsg.): Internationale Kommunikation. Eine Einführung, Opladen: Westdeutscher Verlag, 19-47

Sandschneider, Eberhard/Stumbaum, May-Britt (2008): Ein Erdbeben als Chance für die westliche Welt? Leitlinien für die deutsche China-Politik, in: DGAPstandpunkt, Nr. 6

Schaefer, Michael (2008): Deutschland und China. Gemeinsam in Bewegung. Ge-meinsam den Herausforderungen stellen, in: Magazin zur Entwicklungspolitik, Nr. 70, 11/2008

Scherer, Helmut/Tiele, Annekaryn/Haase, Ansgar/Hergenröder, Sabine/Schmid, Hannah (2006): So nah und doch so fern? Zur Rolle des Nachrichtenfaktors „Nähe" in der internationalen Tagespresse, in: Publizistik, 51. Jahrgang, Heft 2, 201-224

Schmider, Kevin Peter (2009): China – freundlicher Pandabär oder furchteinflößender Drache? Das China-Bild in der Olympia-Berichterstattung 2008, München: Ludwig-Maximilians-Universität München, Institut für Kommunikationswissenschaft und Medienforschung, Diplomarbeit

Sreberny-Mohammadi, Annabelle (Hrsg.) (1985): Foreign news in the media. International reporting in 29 countries. Final report of the 'Foreign Images' study undertaken for Unesco by the International Association for Mass Communication Research, Paris: Unesco

Statistisches Bundesamt (2010): Welche Reaktionen auf das chinesische Vorgehen in Tibet halten Sie für angemessen? Im Internet unter: http://de.statista.com/statistik/daten/studie/215/umfrage/angemessene-reaktionen-auf-chinesisches-vorgehen-in-tibet [letzter Zugriff am 03.02.2011]

Studiengruppe InterKom (1993): Tyrannen, Aggressoren, Psychopathen. Deutsche Tageszeitungen und ihre Feindbilder, in: Löffelholz, Martin (Hrsg.): Krieg als Medienereignis, Opladen: Westdeutscher Verlag, 109-126

Süddeutscher Verlag (2009): Süddeutsche Zeitung. Im Internet unter: http://www.sueddeutscher-verlag.de/business/sueddeutsche_zeitung/sueddeutsche_zeitung [letzter Zugriff am 03.02.2011]

Süddeutsche Zeitung (2010): Blick nach draußen. Finanzminister Schäuble bekommt ein Referat für Auslandsmedien, in: Süddeutsche Zeitung, Nr. 13, 13. Im Internet unter: http://www.sueddeutsche.de/85m38F/3226405/Blick-nach-draussen.html [letzter Zugriff am 03.02.2011]

Süddeutsche Zeitung GmbH (2010): Argumente. Marktforschung. Stand November 2010. Im Internet unter: http://mediadaten.sueddeutsche.de/home/files/argumente_10_11.pdf [letzter Zugriff am 03.02.2011]

The Beijing Organizing Committee for the Games of the XXIX Olympiad (2008): Facts and Figures. Im Internet unter: http://en.beijing2008.cn/media/usefulinfo [letzter Zugriff am 03.02.2011]

Trampedach, Tim (2000): Das neue „Reich des Bösen"? Die Volksrepublik China in den deutschen Medien, 1949 und 1999, in: Berliner China-Hefte, Nr. 18, 3-10

Trampedach, Tim (1998): Faszinosum China. Deutsche Chinabilder der Gegenwart, in: Berliner China-Hefte, Nr. 14, 46-58

UNICEF (2009): Sichuan Earthquake. One Year Report. Im Internet unter: http://www.unicef.org/china/China_Earthquake_Report_2009ENG_Part_2.pdf [letzter Zugriff am 03.02.2011]

UNISDR (2009): Deaths and economic losses jump in 2008. United Nations International Strategy for Disaster Reduction (UNISDR), Sekretariat Genua. Im Internet unter: http://www.unisdr.org/eng/media-room/press-release/2009/pr-2009-01-disaster-figures-2008. pdf [letzter Zugriff am 03.02.2011]

UN News Centre (2008): China: UN rights chief voices concern over tensions in Tibet Autonomous Region. Im Internet unter: http://www.un.org/apps/news/story.asp?NewsID=25980&Cr=arbour&Cr1 [letzter Zugriff am 03.02.2011]

Vach, Ina (2008): Die Olympischen Spiele 2008 – im Schatten von Tibet? Eine Analyse der Vorberichterstattung über die Olympischen Spiele im Gastgeberland China in ausgewählten deutschen überregionalen Tageszeitungen, Hannover: Hochschule für Musik und Theater Hannover, Bachelor-Arbeit

Van Briessen, Fritz (1977): Grundzüge der deutsch-chinesischen Beziehungen, Darmstadt: Wissenschaftliche Buchgesellschaft

Voglreiter, Sandra (2009): Kurze Leine, langer Atem. Voraussetzungen der Berichterstattung deutscher Korrespondenten in der Einparteiendiktatur China, Köln: Herbert von Halem Verlag

Wacker, Gudrun (2008): Die (olympischen) Geister, die Peking rief, in: SWP-Aktuell, Nr. 33

Wagner, Martin (2001): Auslandskorrespondent/in für Presse, Radio, Fernsehen und Nachrichtenagenturen, München: Paul List Verlag

Wang Hongjiang (2008): Overseas Chinese rally in support of Beijing Olympics, against Western media's biased coverage. Im Internet unter: http://news.xinhuanet.com/english/2008-04/20/content_8015504.htm [letzter Zugriff am 03.02.2011]

Wasinski, Maria (2007): EU-Osterweiterung in der Presse. Die Berichterstattung in überregionalen deutschen Tageszeitungen, Saarbrücken: VDM, Müller

Weichert, Stephan A. (2006): Die Krise als Medienereignis. Über den 11. September im deutschen Fernsehen, Köln: Herbert von Halem Verlag

Weischenberg, Siegfried (2001): Nachrichtenjournalismus. Anleitungen und Qualitäts-Standards für die Medienpraxis, Wiesbaden: Westdeutscher Verlag

Wilke, Jürgen (2009): Presse, in: Noelle-Neumann, Elisabeth et al. (Hrsg.): Fischer Lexikon Publizistik Massenkommunikation, Frankfurt am Main: Fischer Taschenbuch Verlag, 459-500

Wilke, Jürgen (1998): Konstanten und Veränderungen der Auslandsberichterstattung. In: Holtz-Bacha, Christina et al. (Hrsg.): Wie die Medien die Welt erschaffen und wie die Menschen darin leben, Opladen: Westdeutscher Verlag, 39-57

World Bank (2009): World Bank to Support Post-Earthquake Reconstruction in China's Sichuan & Gansu Provinces. Im Internet unter: http://go.worldbank.org/8R1FB0RSQ0 [letzter Zugriff am 03.02.2011]

Zhu Xiaoan (1993): „Wenn sich das Gras bewegt, dann muß auch der Wind blasen!". Studien zur Metapher in der deutschen politischen Pressesprache. Unter besonderer Berücksichtigung der China-Berichterstattung, Frankfurt am Main u.a.: Peter Lang

Inhaltsverzeichnis des Anhangs

Den Anhang finden Sie auf OnlinePlus des VS Verlags unter:
www.vs-verlag.de/buch/978-3-531-18160-8